1-2-3 Magia

Disciplina Efectiva para Niños de
2 a 12 Años

1-2-3 Magia

Thomas W. Phelan, Ph.D.

Easy-to-learn parenting solutions that work!

ParentMagic inc.

A Dr. Thomas W. Phelan Company

Distribuido por Independent Publishers Group

Impreso en los Estados Unidos de América
10 9 8 7 6 5 4 3

Para más información, póngase en contacto con:
ParentMagic, Inc.
800 Roosevelt Rd.
Glen Ellyn, Illinois 60137

Publisher's Cataloging in Publication
(Prepared by Quality Books Inc.)

Phelan, Thomas W., 1943-
    1-2-3 magia / Thomas W. Phelan.
    p. cm.
    ISBN: 9781889140025

    1. Discipline of children. 2. Parenting. I. Title. II.
Title: Uno-dos-tres magia.

HQ770.4.P44 1996   649'.64
                        QBI96-40549

Contenido

Prólogo

Este libro describe algunos métodos muy efectivos para mantener el comportamiento de niños de una edad apróximadamente de dos a doce años. Para mejores resultados hay que tener varias cosas presentes:

1. Hay que usar los métodos exactamente como se describen aquí, especialmente lo que concierne a las Reglas de No Hablar y de No Emoción.

2. Si ambos padres están en casa, *ambos* deben usar las técnicas.

3. Padres solteros pueden usar los métodos muy bien.

4. Deben descontarse cualquier posible problema físico.

Se indica una consulta psicológica *antes* de usar los métodos en este libro si algún niño tiene historia de excesiva ansiedad de separación, violencia física, o extremo comportamiento auto-punitivo. Si la familia está en consulta, debe discutir el libro con el consejero antes de usarlo.

Se indica consulta psicológica *después* de usar los procedimientos descritos aquí si:

1. El conflicto o la instabilidad matrimonial interfiere con el uso efectivo de los métodos.

2. Uno o ambos padres son incapaces de seguir las Reglas de No Hablar y No Emoción.

3. El poner a prueba y la manipulación continúan a un alto nivel por más de tres semanas.

Tienen que leer los Capítulos 1-10 antes de usar el 1-2-3, y es preferible que también los lean antes de usar los métodos en los Capítulos 11-18.

Sección I:

Las Bases: Lo Que Debe Saber

1

Problemas Normales con Chicos Normales

"Recoge tus pijamas del piso."

"¿Por qué?"

"Porque se ensucian. Ya eres un jovencito, y yo no debo hacerlo."

"Estoy muy cansado."

"No puedes estar cansado. ¡Te acabas de levantar!"

"¿Por qué tengo que hacer todo yo?"

Estas escenas son muy conocidas para quienes han sido padres por mucho tiempo. Son muy comunes y muy pesadas y les presentan a los padres con unas decisiones que muchas veces son muy confusas. Sin embargo, el resolver estos problemas tiene un gran efecto sobre el bienestar emocional de tanto los padres como el chico y de algún modo determina las bases de su relación.

Desafortunadamente, los padres carecen de la habilidad de manejar situaciones de berrinches, discusiones, limpiar el cuarto, rivalidad fraternal, lloriqueos, y cosas así:

1. No están entrenados en como ser padres.

2. Es díficil ser razonable dentro de una situación emocional.

3. Lo que los padres hacen por instinto, puede ser peor.

Obviamente, necesitan ayuda, pero no una ayuda que requiere que sean santos o psicoterapistas profesionales. Los métodos que se describen en este libro tienen varias ventajas:

A. Son sencillos, prácticos y relativamente fáciles de aprender y usar.

B. Se han desarrollado, refinado y comprobado durante muchos años, tanto por los padres como por profesionales.

C. Funcionan; una y otra vez han producido los resultados deseados, así como han mejorado la relación de padre-hijo.

D. Funcionan en gran parte porque eliminan (¡prohiben!) los dos hábitos de los padres que son más destructivos para una disciplina efectiva.

Antes de seguir con específicas, hay algunas cosas que necesitamos aclarar en los siguientes tres capítulos. El Capítulo 2 corrige unos populares conceptos erróneos de lo que los padres esperan de sus hijos. El Capítulo 3 expondrá un secreto: los dos errores más comunes que los padres cometen y que arruinan el entrenamiento y la disciplina. Finalmente, el Capítulo 4 hará la distincíon entre dos tipos de comportamientos: comportamiento EMPEZAR y comportamiento DEJAR.

Luego son los detalles de lo que hay que hacer cuando surge un problema particular. Si continúa leyendo, en pocas horas Ud. resolverá las cosas en una forma muy distinta a como lo hacía antes.

2

Expectaciones: Pensar Correcto e Incorrecto

Lo que tengo que hacer, al principio, es tratar de quitarles una idea que quizás tengan en sus mentes sobre sus hijos, aunque sean padres o maestros—tenemos muchos maestros que usan este método—una idea que pueden tener sobre sus hijos. Esa idea les causa muchos problemas, o causa disciplina que no funciona o causa disciplina que es inefectiva. Esa suposición es lo que llamamos la suposición del *pequeño adulto*.

La idea del *pequeño adulto* es la idea de que los niños son sólo más pequeños que nosotros, que tienen corazones de oro y que son básicamente razonables y no egoístas. Si tienen un niño que tiene tirado su cuarto o que está molestando a su hermana, la única cosa que tienen que hacer es explicarle "el por qué" no está bien molestar a su hermana o por qué debe limpiar su cuarto y él responderá así:

"Nunca lo había pensado así."

O tal vez, "Eso tiene mucho sentido. Limpiaré
mi cuarto ahora mismo."

O quizás, "Estoy de acuerdo."

O dirá, "Nunca volveré a molestar a mi hermana."

A lo mejor, Uds. se están riendo, y deben de reirse, porque
saben que los niños no responden así. Normalmente no se portan
así. De hecho, hay un escritor que dice, "La niñez es un período de
psicosis transitorio." Quiere decir que cuando sus hijos son pequeños,
básicamente están locos. ¿A quiénes les toca hacerlos cuerdos? Es
el trabajo de Uds. y de sus maestros.

Si Uds. creen en la idea del *pequeño adulto*, Uds. tenderán a
usar palabras y razones con sus hijos, y esto no resulta bien cuando
uno trata con niños. Las palabras y razonamientos fallan la mayoría
del tiempo, y algunas veces ni siquiera hacen ningún bien. Pero a
menudo los llevan a lo que llamamos el síndrome de *hablar-
convencer-discutir-gritar-pegar*.

Fácilmente pueden imaginar lo que es esto. Tienen un niño
que no va a hacer lo que Uds. quieren que haga. Empiezan a hablarle.
Eso no funciona. Uds. empiezan a tratar de convencerlo. Eso no da
resultado. Empiezan a discutir. Eso no funciona. Empiezan a gritar
y quizás—PAU, PAU—le pegan después.

Ahora no sugiero que todos Uds. les pegan a sus niños todo
el tiempo, sino sí sugiero seriamente que una de las causas principales
del abuso infantil—físico, no sexual—es la idea del *pequeño adulto*.
Son los padres que han leído u oído que las palabras y los
racionamientos deben de funcionar. Cuando no funcionan, los padres se vuelven locos. Los padres se frustran tanto que pueden
empezar a pegarle al niño.

Así que lo que tenemos que hacer es reemplazar esta idea del
pequeño adulto con otra cosa. Lo que les voy a sugerir—al principio
esto les va a parecer extraño—es que en vez de pensar que sus niños
son pequeños adultos, hay que pensar que cada uno de Uds. es un
entrenador de animales salvajes.

No estoy tratando de insultar a sus niños. Pero si lo piensan bien, ¿qué es lo que hace un entrenador de animales salvajes? Escoge un método y lo repite sin fin hasta que el animal hace lo que el entrenador quiere que haga. Aquí los aprendices son sus niños. En este libro Uds. aprenderán un método de como manejar a sus niños. Uds. lo repiten—afortunadamente, no tienen que repetirlo sin fin— sino que lo repiten unas cuantas veces hasta que los niños hacen lo que Uds. quieran.

A algunas personas les puede molestar esto, pensando que es un poco duro. Les puedo asegurar que mi filosofía general es lo que llamamos *dictadura hacia democracia*, y lo que esto quiere decir es que cuando sus niños son pequeños, como de cinco años, su casa debe de ser una dictadura, donde Uds. son jueces, jurado y ajusticiadores, si es necesario. Cuando sus niños tienen 17 años, deben de tener más que decir sobre las reglas y las cosas que les afectan. A fin de cuentas, ¿quién paga los gastos? *Uds*. ¿Quién sabe mejor que ellos lo que es bueno para ellos? *Uds*.

Muchos padres complican su disciplina mucho poniéndose dos metas. La primera meta es disciplinar al niño. La segunda meta es que al niño llegue a gustarle. Así que Uds. les explican y explican y explican , esperando que el niño diga algo como, "Nunca lo había pensado de esa manera," y después, felizmente cumplir con la regla. Esto es ridículo. Lo del *entrenador de animal salvaje* funcionará mucho mejor que eso. Su trabajo es disciplinar a sus niños; no es siempre que a ellos les llegue a gustar la disciplina. Uds. complicarán su disciplina mucho si quieren hacer esto.

¿Qué es el modelo del *entrenador del animal salvaje*? Bueno, antes de decirles lo que es, tengo que decirles lo que *no* es.

3

Las Reglas de No Hablar
y No Emoción

Los errores más comunes que hacemos como padres tratando con nuestros hijos son:

1) *Demasiado Hablar*
2) *Demasiada Emoción*

Ya mencioné el hablar demasiado. Dije que o no funciona muy bien o que los lleva al síndrome de *hablar-convencer-discutir-gritar-pegar*. Tengo que explicarles un poco de lo que significa *demasiada emoción*. Los niños pequeños tienen un sentido profundo de ser inferiores. Se sienten inferiores porque *son* inferiores. Son más bajos, son más pequeños, son menos inteligentes, menos privilegiados, menos de casi todo, y esto, sí que les molesta. No les gusta. No pueden hacer las cosas tan bien como los niños mayores o como sus padres. A ellos les gusta tener algún poder. Les gusta dejar su huella en el mundo.

Uds. han visto a algunos niños ir a un lago, coger una piedra y tirarla hacia el agua. Pueden hacerlo por horas porque les gusta hacer un gran chapoteo. Uds. preguntarán, "¿Qué tiene que ver eso con el hogar?" Lo que tiene que ver es—si este niño pequeño puede enojar a un adulto como Ud.—la emoción de Ud. es el chapoteo. Cuanto más Uds. se exciten, más va a hacer el niño lo que Uds. no quieren.

Los padres siempre me dicen, "Este niño me está volviendo loco." Les digo, "¿Qué está haciendo?" "Está comiendo con los dedos cuando cenamos. Así. Es horrible. ¡Qué grosero! Me vuelve loco. ¿Por qué lo hace?" Yo les digo, "Quizás se ha dado Ud. mismo la respuesta. Puede ser que lo haga porque lo vuelve a Ud. loco." Un corolario de esta regla es: "Si tiene un niño que está haciendo algo que no le gusta a Ud., y Ud. se molesta con frecuencia, claro, el niño lo repitirá."

4

Comportamiento DEJAR y Comportamiento EMPEZAR

Vamos a empezar con lo que llamamos comportamiento *DEJAR*. El comportamiento *DEJAR* es cuando quieren que los niños dejen de hacer algo. Son cosas como el discutir, gritar, quejar, pelear, molestar, corajes, celos de sus hermanos, todo esto. Quieren que el niño deje de hacerlo, así es que lo llamamos el comportamiento *DEJAR*.

La otra cosa de que vamos a hablar va a ser el comportamiento *EMPEZAR*. El comportamiento *EMPEZAR* consiste en las cosas positivas que Uds. quieren que el niño haga, tal como practicar el piano, comer, levantarse y salir por la mañana, hacer su tarea, y ese tipo de cosas.

La diferencia es bastante obvia; es decir, buen comportamiento y mal comportamiento. La diferencia es importante porque en general Ud. va a castigar el mal comportamiento y exhortar el buen comportamiento. Se puede dividir el comportamiento *DEJAR* en dos categorías que dependen de la severidad de los malos comportamientos. Para las ofensas frecuentes, diarias, y no muy graves, emplearán el sistema 1-2-3 (Capítulos 5 a 9). Para cosas más graves, Uds. usarán el sistema Mayor/Menor (Capítulo 17). Hablaremos del mentir en un capítulo separado, el número 14.

Con el comportamiento *DEJAR*, usarán solamente una táctica para todo. Después, hablaremos de las seis distintas tácticas que Uds. pueden usar con el comportamiento *EMPEZAR*.

Es necesario eliminar los malos comportamientos primero, porque si Ud. está enojado o se siente impotente, no podrá hacer bien la segunda parte del programa. Es Ud., no sus hijos, que tiene que mandar. Si es así, Ud. tendrá más tiempo y energía para dedicarse a otros asuntos. También tendrá más tiempo y energía para relajarse, divertirse y ser más cariñoso.

Sección II

Que Hay Que Hacer Sobre el Comportamiento DEJAR

5

El Método 1-2-3

¿Cuál es el modelo del *entrenador de animal salvaje*? Es el "*1-2-3*."
Se usa para controlar o eliminar el comportamiento *DEJAR*. Al
principio, cuando oyen hablar de ello, tendrán sus dudas. Pensarán,
"Oye, esto no va a funcionar o oiga, Señor, Ud. no conoce a mi hijo.
Mi hijo es un salvaje. Él no responderá a esto. ¿Cómo espera que
haga esto?" Blah, blah, blah.

Otros padres han dicho, "Ya hemos intentado esto de contar,
y no funciona." Así que si tienen dudas, no se apuren. Lo que pido es
que lo intenten, y verán qué pasa. Hay padres que regresan repetidamente
y me dicen, "No lo puedo creer. Funciona como magia." Así llegamos al
nombre del programa.

Si les gusta lo que les presento en este libro, pueden comenzar
el método en dos horas. Si lo empiezan a usar inmediatamente,
tendrán resultados inmediatos. Eso es la buena noticia.

La mala noticia es que los resultados inmediatos vienen en
varias formas. Como la mitad de los niños representados por este
grupo serán lo que llamamos *Cooperadores Inmediatos*. Esto quiere
decir que si Uds. empiezan a usar lo que les describo ahora, ellos

cooperarán inmediatamente. ¿Qué harán con esto? Solamente relajarse y disfrutarlo.

La otra mitad de los niños serán lo que llamamos *Probadores Inmediatos*. Los *Probadores Inmediatos* les darán un mal rato al principio. Quieren ver si Uds. lo dicen en serio. Les van a probar, y esa es la mala noticia. La buena noticia es que probablemente los entrenarán dentro de 7 a 10 días.

Lo que voy a hacer es describirles el modelo de *entrenador de animal salvaje*, el *1-2-3*. Recuerden, esto es para eliminar o controlar el comportamiento *DEJAR*. Eso incluye, discutir, quejar, pelear, gritar, fastidiar, y todo eso. No van a usar el *1-2-3* para que sus chicos limpien su cuarto, se levanten y salgan por la mañana, y tantas otras cosas.

Supongan que tienen un niño de 4 años. El niño está haciendo un berrinche. Se tira al piso porque Uds. han apagado la tele. No tienen ni idea qué hacer. El niño se está golpeando la cabeza y está gritando. El pediatra les dijo que lo ignoraran. Su madre le dijo que le pusieran una toalla mojada fría en la cara. Y su esposo le dijo que le pegara hasta que lo dejara. ¿Qué va a hacer Ud.?

Mire hacia el diablito, levante el dedo y dígale, "Va uno." Es lo único que se les permite decir. A él no le importa. Se ha enloquecido. Está furioso, patalea. Pasan cinco segundos, Ud. lo mira y le dice, "Van dos." Todavía no le importa. Patalea, grita en voz alta. Pasan cinco segundos más. Uds. dicen "Van tres —toma cinco." ¿Qué quiere decir eso? Quiere decir que ha tenido tres oportunidades para dejar su berrinche, y no lo ha hecho. No *dejó*, así que tiene que irse a su cuarto. Sé que algunos de Uds. piensan, "¿Cómo le hacemos para que se vaya a su cuarto?" Hablaremos de esto más adelante, pero tiene que irse a su cuarto por un ratito. Pasen cinco minutos, y luego puede regresar. Cuando salga de su cuarto, no hay que hablar. No hay emoción, no hay disculpas, sermones, nada. No se dice absolutamente nada.

Por ejemplo, no le diga, "Ahora, ¿vas a ser un buen niño? ¿Te das cuenta de lo que le has hecho a tu madre toda la tarde? ¿Por qué siempre tienes que hacer eso? Te he dicho muchas veces que no hay absolutamente ninguna razón por hacer esto. Tu padre llegará en media hora. Ya me enfadaste. Ya no lo soporto."

Quédense quietos, y no digan absolutamente nada. Si él empieza a portarse mal de nuevo, "Va uno." Quizás llegue a 'tres' de nuevo; ¡otra vez a su cuarto!.

Eso es el *1-2-3*. Hasta parece demasiado sencillo, ¿verdad? Quizás parece muy simple, pero, claro, nada es tan fácil. Una de las preguntas que surge a menudo es esta—"¿Qué pasa si el niño hace algo que es tan severo o malo que no le quiere dar tres oportunidades de dejarlo?"

Por ejemplo, ¿qué debe hacer si el niño le pega a Ud.? Sus niños no deben pegarle. Si el niño le pega, "Van tres—toma cinco." Se va el niño, y le agrega cinco más por la severidad de la ofensa. No es el momento de contar, "Uno, Dos, Tres," antes de mandarlo a su cuarto.

Les daré otro ejemplo. Digamos que tienen un niño de 7 años. Este niño está jugando en el parque por primera vez y escucha las palabras "hija de perra." No sabe lo que quiere decir exactamente. Sabe que es una palabra despreciativa. Un día Ud. apaga la tele y el niño le llama, "Hija de perra." De ninguna manera le van a dar tres oportunidades a su hijo a hablar así. Al decirlo la primera vez, Uds. dicen, "Van tres—toma cinco." Y agréguele cinco o diez más por esa boca. Cuando salga de su cuarto, lo va a sentar y explicarle lo que quiere decir esa palabra y porque no la puede usar.

Lo que va a pasar después de un rato, aunque no lo crea, es que Ud. va a obtener buen control al "Uno" y "Dos". Cuando Uds. digan "Va uno," o "Van dos," el niño se comportará. Algunos niños siempre los llevarán al "Dos". Muchos padres me dicen, "¿No cree que nos está manipulando, siempre llevándonos al 'Dos'?" Bueno, mi respuesta a eso es: "No, no creo que los está manipulando, siempre llevándolos a 'Dos'. Lo que a mí me vuelve loco es '10' o '15' o '20.' Me vuelve loco cuando les tiene que decir hasta 35 veces para que deje de hacer lo que hace. Eso sí me vuelve loco." Con este sistema, si Uds. lo hacen como se debe, no tienen que contar tanto. Tan sólo tienen que decir, "Va uno, van dos, van tres," o lo que sea, y después mandarlo a su cuarto.

¿Qué es lo bueno de *1-2-3*? Lo bueno es que sólo hay *una*

explicación. Ahorra uno el mucho hablar. No hay que excitarse, y esas dos cosas van mano a mano. No hay porque negociar su autoridad. Ud. es el jefe. A los chicos no les gusta. Lo van a poner a prueba, pero Ud. va a ganar. No es necesario quedarse allí y hablar hasta que los convenza de que Ud. está haciendo lo mejor para ellos.

Algo más que es bueno es que el castigo es corto y no duro. Así no alcanza a enojarse tanto el niño que cuando sale de su cuarto, quiere desquitarse.

6

Preguntas Frecuentes
Sobre el 1-2-3

Este método, ¿causará que mi hijo odie su cuarto?

No. Por años y años hemos castigado a los chicos, y no odiaban su cuarto cuando estaban en él. Lo que pienso que sí puede causar a que el niño odie su cuarto es el discutir, gritar y maldecir, menospreciar, sarcasmo y todo eso. Así que si quieren que su niño odie su cuarto, haga eso y quizás ese sentimiento transferirá a su cuarto. Casi siempre que nuestros hijos iban a su cuarto, cuando bajaban, ya se les había olvidado, y no era problema el irse a acostar por la noche.

¿Debe ser su cuarto un ambiente estéril?

La respuesta es, no, no debe serlo. El niño puede subir a jugar. No tiene

21

que acostarse el niño, ni tiene que cerrar la puerta. Puede solamente *estar* allí o puede hacer una variedad de cosas cuando esté en su cuarto. Sólo hay tres cosas que no dejamos que hagan los niños:

1. No hay 'tele' y no hay 'Nintendo'
2. No pueden usar el teléfono
3. No pueden subir a sus amigos.

¿Se puede contar distintos malcomportamientos para llegar a "tres?"

No cuente separados por cada cosa que se porte mal el niño. Si Ud. hace eso, necesitará una computadora para llevar la cuenta de su comportamiento durante el día. Es demasiado. Digamos que el niño empuja a su hermana, "Va uno," grita, "Van dos," lanza un juguete, "Van tres—toma cinco."

La madre puede decir "Va uno." El padre puede decir "Van dos." El padre o la madre puede decir "Van tres—toma cinco." Los animamos a Uds. a "compartir la alegría." Dejen que todo el mundo le cuente y verán lo que pasa. De verdad que tienen más poder si lo hacen así, porque el chico sabe que ambos están de acuerdo.

Si durante un período de 15 minutos se le cuenta "uno," luego un "dos" y un "tres," son castigados. Si, digamos, Ud. dice "Va uno" y el niño no se porta mal durante 15 minutos, empiece con "uno" de nuevo, porque para un niño la perspectiva del tiempo es muy corta— como de cinco minutos hacia adelante y cinco hacia atrás. Así que si hace una cosa, y pasan 15 minutos sin hacer otra, puede empezar con "uno" de nuevo. Les garantizo que hay muy pocos chicos que son tan manipulativos que hacen una cosa, miran su reloj, y dicen, "Ya pasaron 15 minutos. ¡Me salvé!" No pasa así.

¿Qué debemos hacer cuando llega visita?

Realmente hablamos de "cuando llega visita" en tres categorías diferentes:

1. si es que están otros chicos de visita con o
sin sus padres.
2. si hay otros padres de visita con o sin sus
hijos.
3. si están de visita los abuelos.

Bueno, primero, ¿qué tal si está otro chico con o sin sus padres? Sugerimos que cuente como si no hubiera nadie más. Si Ud. llega a "tres," él va a su cuarto. Recuerden que no puede ir su amigo con él. Se va a su cuarto y pasa su tiempo y, después, regresa. Ud. le explica a su amigo que esto es el sistema que se usa en su casa y lo demás y siguen jugando.

También se puede contar al otro chico. ¡Qué va, es su casa! Pero si los padres del chico están en su casa, lo que sugiero es que antes de castigar a su chico, pídales permiso.

Seguro su hijo le dirá a Ud., como el mío, "Papi, me da mucha vergüenza cuando me cuentas fuera delante de mis amigos." Con sólo decirle una vez, "Si no quieres avergonzarte, pórtate bien," es todo. Es lo único que tiene que decir.

¿Qué hacen si Uds. tienen otros amigos en casa, con o sin sus chicos? Le cuentan a su hijo igual como si no estuviera nadie. Al principio se siente algo incómodo contarle delante de otros, pero intente hacerlo porque es una gran ayuda. Digamos que Uds. están con unos amigos y los hijos de ambos están jugando. Su hijo empieza a portarse mal. Ud. mira a su hijo o hija y le dice, "Va uno," y deja de hacer lo que hacía.

Seguro el otro padre los mira a Uds. como decir, "¿Qué hicieron?" Quieren saber de ello. ¿Qué hacen Uds.? Muéstrenles el libro y el video, explíquenselos o lo que sea, y ellos pueden comenzar a usar el sistema. Muchas veces se ha dado a conocer este método de esta manera.

Finalmente, vamos a platicar sobre los abuelos. Los abuelos, aquí para el propósito de nuestro sistema, vienen en tres formas distintas. La primera y más rara forma de abuelos es el abuelo que *coopera.* Esto quiere decir que cuando Uds. están de visita o ellos los visitan a Uds., ellos contarán con Uds. De hecho Uds. pueden decir, "Va uno," y la abuela puede decir, "Van dos," y Uds. o la abuela pueden decir, "Van tres—toma cinco." Sin embargo, eso no es muy común.

El segundo tipo de abuelos son los abuelos *pasivos.* Lo que hace el abuelo pasivo es seguir sentado sin molestar a nadie y sin meterse. Esto está bien también. Eso se puede tolerar.

Luego tenemos a los abuelos *antagonistas.* Los abuelos antagonistas vienen en dos tipos. Uno son los abuelos que le dirán, "¿Tienes que ir a un taller para educar a tus hijos? ¿Qué es esto? Cuando yo era chico, lo único que tenía que hacer mi padre es quitarse el cinturón así, y—Boom—en una nada nos comportábamos. ¿Qué es todo esto de psicología moderna? No tienes que asistir a talleres o leer libros para aprender como educar a tus hijos."

Luego hay otro tipo de abuelos antagonistas. Digamos que Ud. le está contando a su hijo y Ud. le dice a él, "Bobby, van tres—toma cinco." La abuela está sentada allí y dice, "El pobre Bobby no ha hecho nada. Bobby, ven a sentarte con tu abuela un rato." Aquí es cuando muchos padres preguntan, "¿Se puede contar a los abuelos?" Probablemente la respuesta es que no. Pero quizás Ud. tenga problemas imponiéndose ante sus padres. Quizás tendrá que decirles, "Mira, mamá o papá, sabes que te quiero mucho, pero esta es nuestra casa (o estos son nuestros hijos,) y si no puedes cooperar con la agenda de como los estamos educando, quizás tendremos que acortar nuestra visita."

¿Cómo debemos tratar con los niños en la calle?

Lo que hay que hacer en la calle es quizás la pregunta que se hace con más frecuencia que cualquier otra. Muchos padres piensan, correctamente, que hay un gran problema cuando uno anda en la calle—y es eso—que no existe un cuarto donde castigarlos.

Pero en realidad existe un problema mayor que ése cuando andan en la calle. El mayor problema es que los chicos tienen algo con que los pueden amenazar en público, lo cual no pueden usar en privado, y eso es la amenaza de avergonzarlos a Uds. en público.

Nadie quiere parecer que abusan de chicos en la sección de dulces de la tienda del barrio. Los chicos se dan cuenta de esto en una temprana edad. Así que los amenazarán a Uds. con esta posibilidad. ¿Qué van a hacer?

Mi primera sugerencia es que no los lleven a la tienda al menos que sea absolutamente necesario. Pero, si es necesario llevarlos y si Uds. han empezado el 1-2-3 en casa, hagan esto. Cuando están en la sección de dulces de la tienda y el chico dice, "¿Puedo tener un chocolate?" y Ud. dice, "No," y—Boom—es tiempo de un berrinche, Ud. dice, "Va uno." Lo dice con tanta firmeza como en casa. No retrocede por miedo de avergonzarse en público. No hable así (en voz baja) "Va uno. Vamos, ya, no quiero que me avergüences en la tienda." Lo único que le va a pasar, es que le está diciendo al chico que Ud. se vende por un centavo y él la va a sacrificar el siguiente minuto. La va a destrozar.

Seguro están pensando, "¿Dónde está el cuarto para castigarlo? ¿Qué voy a hacer con este chico si llega a 'tres'?" Aquí hay varias sugerencias de otros padres:

Los padres de un chico lo levantan y lo ponen en el carrito y allí pasa su tiempo fuera. No le hablan al chico durante este tiempo fuera.

Otros padres levantan a su hijo y lo llevan a una esquina de la tienda. Otros padres tan sólo se paran y lo toman de la mano, sin hablarle por cinco minutos. Otros padres lo llevan al baño, y se quedan allí durante el tiempo fuera. Otros padres lo llevan al coche, y lo dejan que allí pase su tiempo fuera.

Si tienen un hijo mayor, como de 10 años, lo pueden contar y que salga de la tienda. Le pueden decir, "Van tres—fuera de la tienda. Te veré allí cuando yo termine." Claro, que a uno de 2 años, no le podrían hacer esto. Pero con los mayorcitos, pueden decirles que salgan de la tienda.

Otro método que se puede usar en la calle es lo que llamamos el "1-2-3" o "1-2-3-4." Lo que Ud. hace es, decirle al chico, "Mira, tenemos que ir de compras, y sé que no te gusta ir de compras, pero tenemos que ir y tardaremos una hora. Nos pondremos de acuerdo. Yo te compro algo de unos 60, 75 centavos—un chocolate, un helado, lo que sea—cuando terminemos, sólo si te portas bien. Pero, 'Bien' quiere decir que no recibes un 'Tres' o 'Cuatro' durante el viaje."

Muchos padres dicen que esto es sobornar. Sí, es soborno. Pero la verdadera definición de soborno es pagarle a alguien por hacer algo *ilegal*. Lo que estamos haciendo aquí es pagarle a alguien por hacer algo *legal*, y muchas veces da buenos resultados.

¿Qué hacemos si vamos en coche?

En el coche tenemos viajes cortos y viajes largos. Hablaremos de qué hacer en ambos. Si van de corto viaje con los chicos, una cosa que nosotros hacíamos es un "uno, dos, tres —nadie habla por 15 minutos." Eso funcionaba bien con nuestros hijos, pero esto supone chicos que cooperan, que están dispuestos a callarse.

Algunos padres usan, con éxito, un "uno, dos, tres"—se salen a un lado de la carretera y se paran por 5 minutos y se quedan allí hasta que se comporten los chicos. Otros padres han usado un "uno, dos, tres—multa." Hablaremos del sistema de multar más adelante. Otros padres han usado el "uno, dos, tres—tiempo fuera," y el chico hace su tiempo fuera cuando llega a casa. El problema con eso es que a veces pasa tanto tiempo entre el malcomportamiento y el castigo, que no es muy efectivo y no es tanto un impedimento. En viajes cortos pueden experimentar un poco. También, pueden hacer lo de siempre—poner a un chico en frente y al otro atrás, etc.

¿Y en viajes largos? Les cuento algo de mi familia. Tuvimos que hacer un viaje en auto de Chicago a Disney World. ¿Qué hicimos? Nos sentamos y pensamos, "Un viaje de 20 horas—¿Cuánto dinero les daré a estos chicos para gastar cuando lleguemos a Disney World?" Pensé, "Bueno, quizás unos $20." (Entonces ellos tendrían unos seis u ocho años.) Pensé, "20 horas, $20. Quizás podré hacer que estos traviesos se lo ganen."

Lo que hicimos fue sentarnos con ellos y les dijimos, "Escuchen, chicos, antes hemos tenido unos viajes no muy buenos.

¿Qué tal si intentamos algo un poco diferente? Lo que vamos a hacer esta vez es que nos llevaremos un reloj y un cuaderno en el coche, y por cada 15 minutos que Uds. no peleen, cada uno ganará 25 centavos para gastar en Disney World. Pero ambos, o lo ganan o lo pierden. No lo ganará solamente uno y el otro pierde."

  ¿Qué pasó? Bueno, salimos. Parecían medios interesados, quizás no. Yo no estaba seguro. Salimos hacia Disney World, un viaje de 20 horas. Lo máximo que podían ganar eran $20. Cada uno ganó $19.75. Fue uno de los viajes más placenteros en coche que tuve en mi vida. Mi hijo trató a mi hija con un respeto que jamás había visto y que no he visto desde entonces.

¿Qué tal si el chico no se va a su cuarto?

Aquí dividimos a los chicos en dos grupos. Digamos que Ud. pesa 125 libras y el chico pesa 47 o 30 libras, es decir, es un niño pequeño. Lo que va a hacer es que lo va a llevar a su cuarto. ¿Qué pasa si Ud. dice, "Van tres—toma cinco," y el chico no se mueve? Ud. no puede usar lo de *pequeño adulto*. No puede decir, "Vamos, ahora, sólo son cinco minutos. ¿Cuál es el problema? Después de unos segundos podrás salir a jugar. Blah, blah, blah, blah, blah." Eso es *pequeño adulto*, y uno no llega a nada. Lo único que hay que hacer es moverse hacia el chico y muchas veces empieza él a irse a su cuarto.

  Algunos chicos siempre se adelantan hasta llegar al cuarto. Esto está bien. Lo único que Ud. debe intentar es quedarse callado hasta llegar a su cuarto.

  Puede ser necesario llevarlo del brazo, arrastrándolo o cargándolo, si es bastante pequeño. Lo depositan en su cuarto, hasta terminar su tiempo fuera, y se acabó.

  ¿Qué pasa si son más grandes, si todavía Ud. pesa 125 libras y el chico ahora es de 97 libras, si él tiene unos 10 años o por allí, y Ud. no lo puede forzar hacia su cuarto? Lo que Ud. hace es decir "Van tres—toma cinco" o es una multa de 10 centavos, y si el chico no escoge, es la multa. Así que pierde el dinero en vez de servir el tiempo fuera. La razón por la cual decimos, "Si no escoge, es la multa," es porque Ud. no va a forzarlo físicamente a su cuarto. Es demasiado grande para ello.

Ahora el problema con ese método es que muchas veces los chicos quieren quedarse y discutir, y el discutir no es parte de este sistema. No llega a nada el discutir con su hijo. Pero un niño frustrado va a querer discutir con Ud. Así que lo que Ud. hace es lo que a veces llamamos "tiempo fuera en reverso." Si el chico quiere quedarse a discutir, Ud. se va, quizás sólo a la cocina. Si tiene un hijo que es muy persistente, tendrá que irse al baño. Cierre la puerta con llave y asegure tener bastante que leer. O irse a su recámara, enciérrese, asegure que tenga bastante que leer, y quédese allí hasta que pase la tormenta. Pero de ninguna manera quédese a discutir con un chico mayorcito que quiere seguir diciéndole que Ud. es muy injusto con él.

¿Qué pasa si el chico no se queda en su cuarto?

A algunos padres les gusta usar sillas de tiempo fuera y está bien si el chico se queda allí. Si empieza a jugar con ella, tiene que irse a su cuarto. Pero, ¿qué pasa si comienza a salirse de su cuarto?

Antes sugeríamos sujetar la puerta cerrada para que no pudiera salir. Esto resultó en un juego de abrir y cerrar la puerta. Pensamos, "Esto es una tontería y, si se convierte en un juego, arruinará la disciplina."

Ahora lo que sugerimos es que cierren la puerta con llave si tienen problemas con el chico. Algunos padres dicen, "Caramba, le va a dar claustrofobia a mi hijo." Hasta ahora, no sé de ningún chico que se haya hecho claustrofóbico por hacer esto. No nos gusta encerrarlos en la noche, pero si los encerramos durante el día.

Para el chico que teme estar encerrado con llave, lo que hacemos es decirle, "Mira, si no quieres que te encierre en el cuarto, quédate allí. Pero si sales una sola vez durante tu tiempo fuera, entonces voy a cerrar la puerta con llave."

Ahora, hay diversas cerraduras que pueden conseguir. Pueden conseguir una aldaba o cerrojo. Para niños pequeños, hay un pomo de puerta de plástico que se sobrepone, que va por dentro, y el niño tiene que apretarlo muy fuerte. Si no lo puede apretar con suficiente fuerza, entonces no puede salir del cuarto.

También se puede poner el cerrojo al revés. Se pone el botón por fuera y el pestillo que suelta por dentro. Un niño pequeño no es lo suficientemente mayor para reconocer que con algo como un desarmador podría abrir la puerta por dentro. Así que eso sólo funciona por un corto tiempo.

A algunas personas no les gusta cerrar las puertas con llave. Yo les digo, "Saben, esto es muy importante. No pueden dejar que se abra y cierre la puerta y abrir y cerrar todo el tiempo."

Otras personas me dicen, "Mire, me acaban de terminar la casa y yo mismo hice todo el trabajo de madera. No tengo el coraje de ver que alguien o yo venga a destruirlo poniendo cerrajas, porque este niño ya es grande y va a necesitar muchos tornillos para esto."

Yo les digo esto: "Miren, ahora tienen un chico de 8 años que está fuera de control. De aquí a 10 años van a tener un joven de 18 años fuera de control. No podemos reparar a jovenes de 18 que están fuera de control pero, sí, podemos reparar las puertas. Podemos quitar los cerrajas y parchar. Así que lo que sugiero es poner unos cuantos tornillos en los marcos de las puertas ahora para que no tengan que tratar de reparar a un chico de 18 de aquí a 10 años." Mucha gente está de acuerdo con esa lógica.

¿Qué se hace cuando está en el teléfono y los chicos empiezan a portarse mal?

Esta pregunta surge a menudo. No creo que exista a un padre que no tenga hijos que se porten peor cuando los padres están en el teléfono que cuando no están. Algunas familias tienen hasta perros u otros animales que se portan mal cuando están en el teléfono.

Quizás ellos piensan que Ud. es incapacitada. Quizás piensan que el teléfono está pegado a su cabeza, o quizás están celosos—no sé qué. Pero siempre hacen travesuras cuando Ud. está en el teléfono.

¿Qué va a hacer? Pues, cuénteles igual que si no estuviera en el teléfono. De acuerdo que es un poco incómodo, un poco como contarles ante otras personas, pero, por favor, hágalo.

Quizás tenga que colgar el teléfono y llevarlos a su cuarto. Quizás tenga que explicarle a la persona con quien está hablando lo que está pasando. Llamadas de larga distancia tienden a ser más costosas, pero cuénteles, porque si no, va a encontrarse con muchos problemas siempre que esté en el teléfono. Ellos intentarán aprovecharse. Así que si está en el teléfono, impóngase.

¿Qué se hace si el chico no sale de su cuarto?

Probablemente tienen la respuesta: Relájense y diviértanse. Sin bromear, deben decirles cuando se ha terminado el tiempo fuera e intente no darles tiempo de más. Ponga un reloj o algún aviso. Si el chico ha estado muy quieto en el cuarto, lo que Ud. puede hacer es subir, tocar la puerta, abrirla, y decir, "Se terminó el tiempo fuera," asegurar que está bien, cerrar la puerta, y salir. Si al abrir la puerta, el chico dice, "Jamás en la vida voy a salir," hay que resistir la tentación de decir, "¡Qué bueno!" y cierren la puerta y váyanse. Es todo.

¿Qué tal si el chico destruye su cuarto?

Número uno, no recoja nada. A algunas personas eso les parece extraño. Pero, piensen un segundo. Si Ud. recoge, ¿qué está haciendo? Le está dando otra carga al chico. La segunda vez que lo cuenten fuera, tendrá un cuarto recogido donde empezar de nuevo. Lo destruirá y disfrutará de cada minuto que lo está destruyendo de nuevo.

Número dos, continúen agresivamente contándolo. Chicos como este los ponen a la defensiva, como, "Caramba, ¿qué va a hacer ahora?" Continúen contándolo agresivamente. Llega a "tres," y lo ponen otra vez en el cochinero. Después de unos tres días en que pasa sus tiempos fuera en una manera calmada, pueden ayudarlo a limpiar su cuarto.

Recuerden unas cosas: Primero, la mayoría no tendrán destruidores. Muchos más padres se apuran de tener destruidores de lo que en realidad hay. Segundo, si piensa que tiene un destruidor o que puede serlo, y el chico tiene algo valioso en el cuarto, sáquenlo antes de contarlo fuera la primera vez. Si la abuela, por ejemplo, tiene su colección de Lladrós sobre el tocador del chico, saquen esos muñecos antes de contarlo fuera la primera vez para que no los use como blancos. También, si hay algo peligroso allí, sáquenlo antes de contarlo fuera la primera vez para que no se dañe.

Si no hacen lo que les acabo de sugerir, le están dando al niño la última arma sobre Uds. y cada vez que de veras se enoje o no le parezca el tiempo fuera, tiene esta gran arma con que puede amenazarlos. No queremos eso. Queremos que Uds. lleven el control.

7

Ejemplos Prácticos y Comentarios

Matt, de 2 años

Matt le da codazos con una leña al perro.

"Matt, deja de darle al perro. Va uno."
Matt continúa, divertiéndose.
"Van dos."
Matt continúa, sin mirar.
"Van tres, toma cinco."

Comentario: Bien hecho.

Jill, de 6 años

"No hay nada que hacer."

"¿Cómo puedes decir eso, amor? ¡Acabamos
de pasar seis horas en el zoológico!"
"Eso estaba muy aburrido. No tengo con
quien jugar y tú no quieres hacer nada
conmigo."
"Basta de lloriqueos, va uno."
Jill se retira, moqueando.

Comentario: Buen entrenamiento. Un "pequeño adulto" le agradecería la excursión al zoológico y la dejaría en paz. La pequeña es egoísta, quiere más, y tiene una perspectiva del tiempo de cinco minutos hacia adelante y cinco hacia atras. Note que la Mamá no comenta sobre esto con declaraciones defensivas como, "¿Qué quieres decir?," o "¿Qué más QUIERES QUE HAGA?"

Tom, de 10 años

Una noche de verano, Ud. está jugando canasta con sus amigas. Tom llega corriendo, gritando.

"¡ESOS NIÑOS NO ME DEJAN JUGAR CON ELLOS!
DILES QUE SE VAYAN DEL JARDIN!"
"Luego hablaremos sobre esto, pero ahora estoy
ocupada."
"¡NO! LARGA A ESTOS TONTOS AHORA! ¡A MI NO
ME HACEN CASO!"
"Tom, va uno."
"¡GRACIAS POR NADA!" Tom sale enfadado.

Comentario: Muy bien para la Mamá, pues aquí está bajo la amenaza de avergonzarse ante sus amigas. Algunos padres contarían el último comentario de Tom, pero como ya salía, se lo puede pasar por alto.

Mary, de 9 años

"Mary, tengo que hacer una llamada ahora.
Tienes media hora en el teléfono."
Mary sigue hablando.
"Va uno."
"Pero, Papi, ¡se trata de mi tarea!"
"No por lo que oigo. Van dos."
"Luego hablamos, adiós."
Mary le da descuidamente el teléfono a su Papi y
cae al piso.
"¡OYE! ¡Ya basta, señorita, sal ahora mismo!
Toma cinco."

Comentario: El Padre iba bien al principio, pero comenzó a hablar demasiado y se puso, con derecho, demasiado emocional, al final.

Joe, de 8 años

"Joe, baja de la azotea del garaje. Te vas a
caer."
Joe no se mueve.
"Va uno."
"Sólo un minuto, Papi!"
"Van dos."
Joe se baja.

Comentario: Perfecto.

Nancy, de 7 años

"¿Por qué no puede venir mi amiga esta noche?"
"Ya te dije."

"Sólo a Ricky le das permiso de que venga
alguien."
"Va uno."

Comentario: Un buen trabajo de no tragar el anzuelo a una
discusión inútil.

Mike, de 9 años

"Michael, ¿sacas los periódicos viejos?"
"Hazlo tú."
"Hasta aquí, toma cinco. Y añadale cinco más
por esa boca."
"¿Qué hice?" Mike se queda quieto.
La Mamá se acerca a Mike para llevarlo a su
cuarto.
"O.K., OK., basta." Mike se va a su cuarto.

Comentario: Hizo muy bien la madre. Le añade cinco
minutos por la falta de respeto, ya que Mike es mayorcito. También
camina hacia él a llevarlo sin decir nada.

Sean, de 5 años

"Quiero jugar con las tijeras."
"Lo siento, querido, pero hasta que seas mayor."
"Pero, yo quiero ."
"Te dije que no, cariño. Mira, tú y yo vamos a
llamarle a Papi por teléfono."
"Eso no es divertido—yo quiero cortar un
retrato."
"Escucha, te dije que no. ¡Va uno!"
"No puedo hacer nada." Sean comienza a llorar.
"Dije, va uno. Síguele y acabarás en tu cuarto.

Pórtate como un chico mayor."

Comentario: Muchos errores. Comenzando con demasiado hablar, después tratando de distraerlo para evitar que la pongan a prueba. Luego, más hablar, luego, algo tardado, el contarle a uno, luego más persuasión, etc. Una mala escena no está muy lejos de aquí. Intentémosla de nuevo correctamente:

> "Quiero jugar con las tijeras."
> "Lo siento, cariño, pero hasta que seas
> mayorcito."
> "Pero yo quiero."
> "Va uno."
> "YO NO PUEDO HACER NADA." Sean comienza a
> llorar.
> Sean se va.

Estos ejemplos le darán una buena idea de como va el 1-2-3 al practicarlo. Al principio es algo extraño para todos, pero tiene mucho impacto, especialmente cuando los chicos comprenden que no le pueden lanzar el anzuelo hacia argumentos inútiles.

El Capítulo 8 le dirá como utilizar el 1-2-3 con algunos comportamientos únicos de DEJAR, luego el Capítulo 9 le explicará como empezar.

8

Variaciones: Rivalidad entre Hermanos, Berrinches y Pucheros

Debemos mirar los tres comportamientos de DEJAR que requieren unas modificaciones mínimas en el 1-2-3. Hay en realidad tres problemas donde deben hacer algo diferente con el 1-2-3 por la naturaleza de estos problemas. Estos son:

1) *Rivalidad entre Hermanos*
2) *Berrinches*
3) *Hacer Pucheros*

Hay que modificar el 1-2-3 tan sólo un poquito en cada caso.

Rivalidad entre Hermanos

Con rivalidad entre hermanos, uno de los problemas que se encuentran es que ahora tiene más de un chico peleando, y eso complica las cosas. Otro factor es que los chicos se sienten de otra manera de la rivalidad entre hermanos de lo que se sienten los padres. Los padres creen que la rivalidad entre hermanos es desagradable. Al cambio, los chicos no piensan que esta rivalidad es mala.

¿Qué van a hacer Uds.? Bueno, las reglas son estas:

Número uno—Si tienen dos chicos peleando, les cuentan a los dos el 90% del tiempo o más, a menos que sea obvio que un chico es el agresor sin provocación. Pero mucho cuidado con eso, porque los chicos tienen modos de provocarse el uno al otro que no se dan cuenta aunque estén allí o lo estén viendo. Así que cuenten a los dos.

Número dos—Nunca hagan la pregunta más tonta del mundo, "¿Quién lo empezó?" o "Qué pasó?" ¿Qué creen que les van a decir? Les van a decir, "Él fue." "No, fue ella." "No, fue él." "No, ella fue." Simplemente no llega a nada. Así que no hay que hacer esa pregunta. La única vez que preguntan "¿Qué pasó?" es cuando alguien está sangrando y hay que ir al hospital y hay que saber si es que tienen una navaja o un alfiler en el muslo. Si no, olvídenlo.

Número tres—Nunca esperen que el chico mayor se porte con más madurez que el más joven cuando hay una discusión. No me importa si uno tiene 11 años y el otro 4. No saben cuantos chicos enojados de 11 años que han estado en mi oficina dicen, "Nomás se me acerca ella y me empieza a dar con la punta del dedo, y luego yo le pego, y yo me meto en problemas y ella no. También mis padres me dicen, 'Ella es sólo una pequeña. ¿No puedes soportar una broma?' "

Estos chicos de verdad que se molestan. Ahora, al chico de 11 años, le pueden dar un tiempo fuera más largo, como de 10 minutos. Él de 4 años recibe un tiempo fuera de 5 minutos, pero a los dos les dan tiempo fuera.

De paso, imagínense que el chico de 11 años viene una vez y dice, "¿Te puedo hacer una pregunta? ¿Por qué a mí me das 10 minutos de tiempo fuera y a esta Srta. chaparra nomás tocan cinco minutos de tiempo fuera?"

Uds. le contestan, "Bueno, porque en nuestra casa tenemos una regla que dice, 'un minuto de tiempo fuera por año de vida.'"

"Pues, eso es lo más absurdo que he oído."

"Va uno."

¿Ya agarraron la onda Uds.?

Otras cosas confusas pueden suceder con la rivalidad de hermanos. A veces los chicos hacen cosas curiosas. Quizás el niño viene—está Ud. en la cocina preparando la cena—el niño llega y le dice, "Mami, a Johnny le toca un 'uno.'" ¿Qué va a hacer Ud.? Bueno, nuestra regla es, "Si no lo ve, no lo cuenta. Pero si lo escucha, lo cuenta." Así que si escucha a los chicos comenzar a pelear en el otro cuarto, puede llamar hacia el otro cuarto, "Oigan, chicos, va 'uno' a los dos." Si siguen, se van a sus cuartos.

Como mencioné antes, hay veces cuando los chicos comienzan a pelear y Uds. no saben quien lo empezó. Les voy a dar un ejemplo. Hay una familia de cuatro personas, padre, madre, hermano y hermana y están cenando. El chico quiere estar afuera y quiere irse a jugar béisbol. Así que termina su cena muy rápido, recoge su plato, lo pone en el mostrador, y empieza a salir de la cocina. En ese instante su madre dice, "Tommy, se te olvidó poner tu plato en el lavaplatos." Él comienza a discutir con su madre, "No tengo tiempo. Tengo que salir a jugar béisbol," y todo esto.

Mientras discute con su madre, su hermana se levanta, recoge su plato, cruza la cocina, lo enjuaga, y lo pone en el lavaplatos. Luego pregunta si puede salir de la cocina, pero la única salida es pasar enfrente de su hermano. Al pasar, él—Wham—le pega, y ella grita.

Ahora la primera pregunta es, ¿quién empezó la pelea? Quizás me equivoco, pero yo voto que es la chica que empezó la pelea porque se aprovechó del momento preciso. Al mismo tiempo cuando su hermano parece ser el malcriado más grande del hemisferio occidental, la Srta. Siempre-Buena, con su aureola luminante, se levanta de su silla, recoge su plato, se desliza por la cocina, lo enjuaga, lo pone en el lavaplatos, completamente luciéndose ante su estúpido hermano mayor.

Pero su hermano mayor en realidad no es tan tonto. Él sabe que lo ha atrapado. Ya tiene dos cuentas contra él—olvidar sus platos y discutir con Mamá. Al pasar su hermana frente a él, piensa "¿Qué más va?"—pau—y le da un puño. A ella no le gusta que le den puños, así que grita. ¿Qué hay que hacer en esa situación?

Yo diría, "Van tres—tomen cinco cada uno," invocando dos reglas, la de contarles a los dos y la de que fue lo suficiente malo que no les voy a dar la oportunidad de pelearse. De hecho, para evitar que se den puños el uno al otro al subir a sus cuartos, les decimos que si discuten al subir, son *diez* minutos.

"¿Qué pasa si comparten el mismo cuarto?" Si los chicos comparten el mismo cuarto, obviamente, no se cuentan fuera al mismo cuarto a dos chicos que están peleando. Mandarían uno al cuarto de dormir, otro al cuarto de utilidades, u otro lugar, alternando uno y otro en los tiempos fuera.

Berrinches

El segundo problema que tenemos es berrinches. El problema con berrinches es "¿Qué pasa si se termina el tiempo fuera y el chico no ha terminado su berrinche?" ¿Cuál es la variación aquí?

La variación es que no comienza el tiempo fuera hasta que termina el berrinche. Eso no sólo incluye el berrinche, sino que también incluye el "¿Cuándo puedo salir?", "¿Ya se terminó?", pedir e implorar y todo esto. Si requiere una media hora para calmarse, puede salir después de una media hora. Si le toma tres horas para calmarse, el tiempo fuera empieza después de tres horas.

Pucheros

La tercera variación en el 1-2-3 es hacer pucheros. Hacer pucheros es un comportamiento pasivo que en realidad está hecho para hacerlo a Ud. sentirse culpable. Si en realidad se siente culpable, casi es más problema de Ud. que del chico. No hay porque sentirse culpable al hacer obedecer una regla que en realidad es muy razonable. Es parte del ser padre.

¿Saben que deberían estar frustrando a sus chicos con regularidad? ¿Saben que sus chicos deberían enojarse con Uds. con regularidad? Deben, porque es imposible darles todo lo que ellos quieren.

Digamos que Ud. entra al cuarto y apaga la tele, y su hijo le hace un puchero. ¿Qué hace Ud.? Bueno, puede ignorarlo. No tiene que hacer nada. Salga del cuarto y olvídelo.

La única vez que hacemos algo diferente es cuando tenemos lo que llamamos un "puchero agresivo." Un puchero agresivo es un chico que lo sigue por toda la casa para asegurar que no pierda un minuto de su mala cara. Por ejemplo, Ud. entra al cuarto y apaga la tele, y el chico le hace una mala cara. Ud. se da la media vuelta y sale. Poco después, Ud. está en la cocina, lavando los platos, mira hacia abajo—y allí está de nuevo. "Va uno." El chico continúa y continúa. No lo vamos a dejar que haga eso. Así que lo que hacemos es contarlo.

9

La Conversación del Comienzo

Al comenzar, ¿simplemente se empieza el método, o se lo explica a los chicos? Lo que hacemos es decirles a los chicos lo que vamos a hacer. La conversación va algo así:

Los padres se sientan con el chico, preferentemente todos los chicos con ambos padres y les dicen, "Miren, chicos, Uds. saben que hay veces en que nos hacen enojar con diferentes cosas. Lo que vamos a hacer de aquí en adelante es, si están haciendo algo que no deben, vamos a decirles, 'Va una.' Eso quiere decir que deben dejar de hacerlo. Si no paran, diremos, 'van dos.' Si aún no dejan, vamos a decirles, 'van tres—toma cinco.' Lo que eso quiere decir es que se van a su cuarto por cinco minutos, pero únicamente cinco minutos, completan el tiempo, y salen, y nos olvidamos de todo. No hay disculpas, no hay discursos, no hay discusión, sólo que sea absolutamente necesario, no hay nada. Si lo que se hizo es lo suficientemente malo, diremos, 'Van tres—tomen cinco,' y se van derechito a su cuarto."

Ahora, se van a quedar sentados los chicos, y se les van a quedar mirando a Uds. como si acabaran de enloquecer. Muchas veces hasta se codearán el uno a otro, y dirán, "Saben, creo que Mami acaba de ir a la biblioteca y sacó un libro de esos, de como educarnos. La última vez que fue por uno, creo que duró sólo unos 10 a 14 días. Creo que si somos fuertes y unidos, podremos tener el mando de la casa dentro de unos 15 días. ¿Qué dicen? ¡Lo haremos!"

Claro, no siempre va tan mal, pero ellos no les van a creer al principio. Como dije antes, una mitad los pondrá a prueba inmediatamente. Por eso, Uds. tienen que persistir en ello.

Sección III

Ningún Jovencito
Se Lo Agradecerá

10

Pruebas y Manipulación

Como mencioné antes, muchos niños cooperarán inmediatamente. ¡Qué buena noticia! Otros, sin embargo, no creerán que hablen en serio, y les darán dificultad al principio. Así que estén listos.

Les voy a describir los seis diferentes tipos de pruebas y manipulación y lo que vamos a hacer con ellos. Son las cosas que hacen los chicos cuando están frustrados. Quieren salirse de la disciplina. Quieren que les den lo que quieren cuando Uds. no se lo quieren dar. También es lo que hacen cuando se sienten incapaces de aceptar su disciplina.

El poner a prueba es un comportamiento con propósito. El primer propósito de poner a prueba y manipular, obviamente, es que los niños adquieren lo que quieren. El segundo propósito, si no consiguen satisfacción del primer propósito, es la venganza con mayúscula. Todas las seis tácticas pueden servir el primer propósito de obtener lo que quieren. Todas menos una de las seis tácticas servirán para el segundo propósito de venganza. ¿Cuáles son las seis diferentes tácticas?

Táctica Uno

ACOSAR es la primera táctica. *Acosar* es el "¿Por qué, por qué, por qué? Por favor, por favor, por favor. Yak, yak, yak, yak. Dámelo nomás. Dame lo que quiero y dejaré esta estupidez." Siguen y siguen y siguen detrás de uno.

Táctica Dos

El segundo es *INTIMIDAR*. El *intimidar* es como un berrinche— gritando, a gritos, discutiendo, acusándolos de ser malos padres, maldiciendo por parte de los chicos mayores, y todo esto, tratando de hacerlos sentir disgustados.

Táctica Tres

La tercera táctica es *AMENAZAR*. Por ejemplo: "Jamás voy a volver a hablarte. No voy a cenar. Me voy a marchar de la casa. Me voy a matar. Voy a matar al perro. Algo terrible va a pasar al menos que cedas y dejes inmediatamente de esta ridícula táctica de ser padre."

Táctica Cuatro

La cuarta táctica es el *MARTIRIO*. El *martirio* es llorar, hacer pucheros, de mirada triste, de ojos llorosos, no hablarles, esconderse en un guardaropas por una hora, "Aquí ya nadie me quiere," y todo esto.

Estas primeras cuatro tácticas comparten una dinámica común. Es esto: en efecto el chico le está diciendo, sin saber lo que hace, "Mira, me estás frustrando al no darme lo que quiero. Ahora te frustraré a ti por ponerte a prueba y manipularte. Ahora que ambos estamos frustrados, vamos a hacer un trato. Ponle un alto a tus perros y yo les pondré el alto a los míos. Dame lo que quiero y dejaré de hacer estas cosas."

¿Saben qué? Uds. les dan lo que quieren y—Boom—así nomás, ellos dejan de hacerlo. Y Uds. dicen, "Esto es fantástico, ¿no?" No, no es tan fantástico, porque después, ¿quién tiene el mando de la casa? Uds. no. Son sus hijos. Como dije antes, lo único que ellos tienen que hacer es sacar su pistola y los controlan a Uds.

Táctica Cinco

Táctica número cinco es *LISONJEAR* O *TERNURA Y LIGEREZA*. Lo que el niño hace aquí es un poco diferente. En vez de hacer algo que los incomoda, hace algo que les hace sentir bien. El chico frustrado la mira y le dice, "Sabes, Mami, tienes los ojos más bonitos de cualquiera en el barrio," o "Creo que voy a subir a limpiar mi cuarto. Ha estado medio tirado por las últimas tres semanas." Seguro, va a pasar algo muy pronto. Algunos padres dicen, "La única vez que este chico es bueno conmigo es cuando quiere algo." Cuando el chico se porta bien, los padres esperan el inevitable pedido y, generalmente, llega seguido.

Táctica Seis

La sexta táctica es lo *FISICO*. Lo *físico* es ya sea atacando físicamente o marchándose.

1. ACOSAR
2. INTIMIDAR
3. AMENAZAR
4. EL MARTIRIO
5. LISONJEAR
6. LO FISICO

Ahora piensen un momento de como se prueba y se manipula. La mayoría de los padres identifican prontamente qué tipo de cosas van a hacer sus hijos. Estoy seguro de que saben cuales harán sus hijos. Traten de imaginar cuales son los favoritos de los chicos en general. Hicimos unas investigaciones, una con maestras y otra con los padres. La investigación con los padres reveló que las tácticas favoritas son una, dos y cuatro, que son acosar, intimidar y el martirio.

¿Qué dijeron los maestros? Los maestros, curiosamente, dijeron lo mismo. Dijeron, "Las tácticas favoritas de los chicos con quienes tenemos contacto, son una, dos y cuatro—acosar, intimidar, y martirio."

La táctica que menos se usa, gracias a Dios, era lo físico. La segunda táctica menos usada, casi desafortunadamente, fue lisonjear. En un mal día, cae muy bien, pero los chicos no lo usan muy a menudo.

Así que piensen en sus hijos. ¿Tiene su chico una táctica favorita? Si la respuesta es "Sí," eso es malo. ¿Por qué es malo? Porque probablemente funciona, es decir, le da resultado. ¿Cómo es eso? O, número uno, consigue lo que quiere, (el primer propósito de poner a prueba y manipular,) o, número dos, que le consigue una venganza efectiva.

¿Cómo sabe el chico que está obteniendo lo que quiere? Es obvio—Uds. se lo acaban de dar. Le prenden a la tele. Dejan de contarle. No le dicen que deje de molestar a su hermana. No lo hacen que se ponga a hacer su tarea, o lo que sea.

¿Cómo sabe el chico que está consiguiendo una venganza efectiva? Vuelve a la regla de "no hablar, no demostrar emoción". Si el chico hace un berrinche y Ud. también hace un berrinche, ya tiene él su venganza. ¿Recuerda la parte inferior del chico? Él se gratifica con su poder y disfruta esto. Si el chico dice, "Aquí nadie me quiere," y la hace que Ud. lo siente en su falda por media hora y le asegura, "Te quiero. Tu papi te quiere. El perico te quiere. ¿Cómo puedes decir eso? Es ridículo," Ud. se acaba de vender por la táctica número cuatro—el martirio.

¿Qué pasa si el chico cambia de táctica? Uds. no le dan lo que quiere. Él no recibe lo que quiere, así que él hace algo así...

"Mama, ¿puede venir mi amigo?"
"No, cariño, es muy tarde."

"A mí nunca me toca jugar con nadie.

(EL MARTIRIO)

Pooor favooor. Te prometo que estaremos muy
quietecitos."

(TERNURA Y LIGEREZA)

"Va uno."

"Esa tontería otra vez! Simplemente quiero que
venga un amigo!

(INTIMIDAR)

"Van dos."

"¡Espera! ¡Espera nomás! ¡Te vas a arrepentir!

(AMENAZAR)

"Van tres—toma cinco."

"¡No es justo!"

(MARTIRIO E INTIMIDACION)

¿Qué van a hacer con un chico así? Si ven la lista de tácticas
de poner a prueba y manipular, con excepción del número cinco,
lisonjear, y si les pregunto, "¿Es comportamiento EMPEZAR o
comportamiento DEJAR?", tendrían que decir, "Son
comportamientos DEJAR." ¿Qué es lo que hacen con el
comportamiento DEJAR? Cuenten, nomás. Así que si el chico los
va a poner a prueba, le van a contar. La única cosa que no le cuentan
es lisonjear. Si el chico le dice, "Mami, tu tienes los ojos más bonitos del barrio," no le diga, "Va uno."

Sección IV

Que Hacer Sobre el
Comportamiento EMPEZAR

11

Animando el Buen Comportamiento

Después de usar el 1-2-3 por unos días o una semana, hay mucho más tranquilidad en las casas. Hay menos hostilidad en el ambiente y lugar para más afecto y divertimiento. Sin embargo, el dejar de un comportamiento odioso es tan sólo parte de la tarea. Aún queda el trabajo de hacer que los chicos hagan las cosas buenas que Ud. desea que hagan: el comportamiento EMPEZAR como comer como es debido, levantarse por la mañana, hacer la tarea, cepillarse los dientes, y demás.

Personas Enojadas Hablan, Las Contentas No

Entrenar a los chicos a portarse consistentemente con un comportamiento de EMPEZAR, del que hablamos, es importante de por si, pero hay otra razón por la cual hay que trabajar hacia el buen comportamiento. Eso es para que *los chicos tengan una dieta constante de reacción verbal positiva de sus padres.*

En esto, la naturaleza no nos da mucha ayuda. Desafortunadamente, hemos sido contruídos de una manera de que más bien decimos lo que nos viene a la mente cuando sentimos enojo a cuando estamos contentos. *El enojo* es una emoción agitante cual intención es provocarnos para atacar el problema y deshacernos de él. *La felicidad* tiende hacernos sentir contentos y apacibles con la inclinación a no hacer nada.

Imagínense a los chicos en el otro cuarto viendo la televisión, calladamente. La mayoría de los padres *no* entrarían a decirles, "¡Qué bonito verlos portándose tan bien! Me da mucho gusto." Eso sería un excelente método de entrenamiento, pero los padres contentos probablemente tan sólo seguirían con su quehacer.

Pero ahora imagínense que los chicos están peleando y gritando. Aquí, la mayoría de los padres entrarían donde están los chicos y dirían algo así, "Ya basta, Uds. dos; ya me cansé de tanto pleito!"

El resultado es que sus chicos solamente lo escuchan a Ud. cuando se portan mal, y pueden empezar a sentirse que son una molestia para Ud. *Se crea auto-concepto negativo.*

El 1-2-3, si se utiliza como debe ser, a veces le ayuda con esto, porque los chicos normalmente no se sienten mal cuando los castigan; son los gritos y el enojo intenso que los hacen sentirse mal de sí mismos. Pero, si solamente les cuenta cuando se portan mal, y cuando se portaron bien, no dice nada, solamente tendrán una dieta de reacción negativa de su parte.

Esto no sólo no es bueno para el chico, sino que también no es ser realista. No refleja la realidad del chico entero. Porque en la mayoría de los casos, sus chicos son buenos chicos, buenos en el sentido de que por la *mayor* parte hacen lo que deben. Se levantan, comen algo, juegan con amigos, caminan, ven la tele, platican con Ud., toman su siesta, etc. No estamos hablando de cosas especiales o espectaculares, sino que manejan lo normal bien. La reacción verbal de Uds. debería reflejar esto.

Tenemos una buena regla para cuando comenzemos a trabajar con el comportamiento DEJAR y después en EMPEZAR: trata de hacer la proporción de reacción positiva a la negativa, de Ud. a su hijo, por lo menos 2 a 1—dos positivas para cada una negativa. Esto no es fácil, pero ayuda mucho y quizás aún quede faltando de la verdadera realidad de comportamiento total del chico. Quizés el 80% del tiempo hace lo que debe y se porta mal tan sólo el 20% del tiempo.

Pero no hay que ser tan duros con sí mismos, y recuerde que la naturaleza trabaja en contra de Uds.

¡Entrenen o No Digan Nada!

Anteriormente en la discusión, se mencionó que la estrategia principal para el comportamiento DEJAR era castigar usando el 1-2-3, y que la estrategia principal para el comportamiento EMPEZAR era reforzamiento positivo. Aunque no lo crean, la mayoría de los padres descubren que es más facil eliminar el mal comportamiento que dar comienzo al bueno. Generalmente, el comportamiento EMPEZAR requiere más paciencia y más tiempo para hacer entrenar a los chicos.

Lo que puede pasar, entonces, es que los padres a veces vuelven de nuevo a hablar mucho and tienen demasiada emoción de enojo a la hora que tratan con las cosas de EMPEZAR. Empiezan a gritar o a sermonear o lo que sea. Esto es tan inefectivo para el comportamiento EMPEZAR como lo es para el comportamiento DEJAR.

Otra regla común es: al intentar de que el chico haga algo bueno, como cepillarse los dientes, inventé un método sistemático para entrenarlo. ¡O úselo, o no diga nada! Regañar no es un método sistemático de entrenamiento. Hablaremos de algunos mejores en un minuto.

Entonces, las Reglas de No Hablar y No Emoción se aplicarán también al tratar con el comportamiento EMPEZAR, pero tan sólo cuando se trate de hablar con enojo y demostrar emoción con enojo. Se usará reacción positiva verbal, igual que expresiones de placer o alegría.

¿Cómo puede Ud. empezar el buen comportamiento? Tiene varias opciones:

1. Reacción DPV
2. Reloj de Cocina
3. El Sistema de Descontar
4. Las Consecuencias Naturales
5. Llevar Cuentas
6. El 1-2-3

Táctica Uno: Reacción DPV

La primera táctica que puede usar la llamamos *Reacción DPV*. Quiere decir *Reacción Descuidada Positiva Verbal*. Significa que cuando el chico hace lo que le dicen, denle algún halago, un abrazo, díganle que está haciendo un buen trabajo mientras que lo hace o después de hacerlo. El "descuido" se refiere a que Ud. no lo hace siempre. Quizás lo haga sólo de vez en cuando pero siempre ayuda mucho.

Una de las cosas que se olvidan frecuentemente con Reacción DPV es que se hace a la medida del chico. Quizás tengan chicos que les gusten halagos empalagosos. Por ejemplo, quizás tengan una hija de 9 o 10 años quien le trae una prueba de ortografía.

"Mami, ¡mira lo que saqué en mi prueba!"
"¡100%! ¡Qué fantástico! Oh, espera que llegue
tu papá. ¡Esto es maravilloso! Tengo una
idea. ¿Por qué no le llamamos a tu abuela,
y luego la ponemos en el refrigerador?"

Se saborea esto. De verdad que le gusta. Quizás tengan un hijo que se acerca a Ud. y no le gustan los halagos empalagosos. Él es más contenido. Se avergüenza. La escena va así:

"Papa, ¡mira lo que saqué en mi prueba de
matemáticas!"
"¡97%! Muy bien. ¡Síguele! Enséñale a tu
mamá."

Es más serio y un poco más contenido. Algunos chicos hacen mejor con eso. De vez en cuando les toca un chico que se avergüenza y se portará mal en su presencia cuando le tratan de dar demasiados halagos. No es muy común pero sí pasa.

Táctica Dos: Reloj de Cocina

La segunda táctica de comportamiento EMPEZAR es *reloj de cocina*. Por 'reloj de cocina' no quiero decir el reloj del microondas o del horno. Hablo del reloj de cocina del tipo que tienen que darle cuerda. Tiene resorte y marca hasta 60 minutos. Estos aparatos tienen un buen efecto con los chicos, probablemente por varias razones. Entre más pequeños son, más tendencia natural tienen de tratar de ganarle al reloj. Le pueden decir a un niño de 4 años, "Escucha, hijo, tienes tres cosas en el otro cuarto y quiero que las recojas antes de irte a acostar. Te apuesto a que no puedes recogerlas dentro de 10 minutos. Voy a poner el reloj." Y el niño dice, "Oh, sí, sí puedo," y corre al cuarto a recoger sus cosas.

Tiene un chico de 12 años, y le dice lo mismo a él. A lo mejor él le dirá, "Señora, ¡tiene que estar bromeando!" Se lo pueden decir a un chico de 12 años, sólo que no se lo dirían tan tontamente. Podrían decirle, "Mire, amigo, sabes que tienes tres cosas en el otro cuarto. Voy a poner el reloj. Quiero que las recojas en menos de 15 minutos. Si no, habrá consecuencias."

La segunda razón por la cual los relojes ayudan mucho es que no se puede discutir con ellos. Imagínense un niño haciéndose el mártir con un reloj de cocina:

"Bien, aquí ya nadie me quiere. De una vez me
voy a matar y marcharme de la casa."

"Tic, tic, tic, tic, tic, tic, tic."

No se siente mucha compasión el reloj. ¿Qué pueden hacer sus niños? Pueden apagarlo. ¿Qué puede hacer Ud. si lo apagan? "Va uno." Es un comportamiento DEJAR, de cualquier manera. Ud. coge el reloj y lo vuelve a poner y sigue con lo que estaba haciendo.

Los que fabrican los relojes de cocina piensan que se usan para hacer pasteles. No son para eso. Son para educar a los chicos a hacer lo que Uds. quieren que hagan. Si Ud. no tiene uno, cuestan sólo unos ocho dólares. Compren uno y les ayudará mucho. Llévenselo al segundo piso para marcar el tiempo del tiempo fuera. Pueden llevárselo en sus viajes a la Florida para poner el tiempo en segmentos de 15 minutos a sus chicos. Tiene muchos usos y ayuda muchísimo.

Táctica Tres: El Sistema de Descontar

La tercera táctica que pueden usar para el comportamiento *EMPEZAR* es lo que llamamos el *sistema de descontar*. El *sistema de descontar* funciona así—es como descontar del sueldo. Lo primero que se hace es asegurar que a su hijo le dan dinero de bolsillo. La razón por la cual quieren que tenga su dinero es para que Uds. tengan de donde descontarle cuando usan el sistema de descuento. No es que estamos tratando de ser sádicos. Normalmente la mitad del dinero se lo van a ganar. La otra mitad es algo que se le da nomás por ser parte de la familia.

Luego, Ud. puede decir, "Mira, me gustaría que le des de comer al perro, y me gustaría que comiera el perro para las 6:00. Si le das al perro para las 6:00, bien." Si lo hace, Uds. le dan una Reacción DPV. "Pero si no le das al perro para las 6:00, yo le daré. Y yo cobro por darle a los perros, y para un perro de este tamaño, te va a costar 20 centavos."

¿Qué pasa si el chico llega tarde, y no le da de comer al perro? Ya son las 6:15 y el perro tiene hambre. Llega el chico corriendo, "¿Le diste de comer al perro?" "No, aún no le he dado." El chico le da de comer al perro, y todo está bien.

Al día siguiente, son las 6:15 y llega corriendo. "¿Le diste de comer al perro?" Ud. dice, "Sí, ya le di al perro, y tuve que descontarte 20 centavos de tu dinero." Ahora, en esta situación, si el chico le va

a discutir, tienen que resistir la tentación de usar lo de *pequeño adulto*.
La escena va algo así, si está pensando estilo *pequeño adulto*.

"Ya le diste de comer al perro?"
"Sí, tuve que hacerlo, y tuve que descontarte 15
centavos de tu dinero."
"¡Qué! ¡Sólo llegué un poco tarde!"
"El trato fue a las 6:00. Ya sabes eso."
"Ah, dame una oportunidad, por favor."
"¿Qué te dije cuando conseguimos este perro?
¿Qué te dije? Te dije, 'Nunca te vas a
acordar de cuidarlo, y yo tendré que
hacerlo todo el tiempo.' Pero, no, no.
¿Qué dijo nuestro pequeño hijo? El dijo,
'Oh, yo nunca lo olvidaré. Siempre
recordaré de cuidarlo.'"

Eso es tontería de *pequeño adulto*. No va a llegar a nada.
¿Qué deben hacer Uds. en vez de eso?

" Le diste de comer al perro?"
"Sí, tuve que hacerlo, y tuve que descontarte 15
centavos de tu dinero."
"¡Qué! ¡Sólo llegué un poco tarde!"
"El trato fue a las 6:00, hijo."
"Ah, ¡qué tontería! Dame una oportunidad—15
miserables minutos! Probablemente le
diste de comer hace una hora sólo por el
dinero."
"Va uno."
"¡Maravilloso! Ella puede contar. Señores y
señoras, presentando a..."
"Van dos."
"Oh, por favor." (y se calla.)

Uds. no van a discutir con ellos, por mucho que sea la

tentación. Lo que Uds. dicen puede ser perfectamente correcto, pero nunca hay que discutir con un chico cuando están usando el sistema de descuento o cualquier otra cosa de las que estamos hablando.

El sistema de descuento es bueno para muchas cosas. Si el chico no hace su quehacer, como recoger sus platos, se les da cierto tiempo, Uds. recogen los platos, pero le descuentan por ello. Así que se les paga por su trabajo. Sólo hay una cosa que conozco donde no pueden usar el sistema de descuento, y eso es la tarea. No le pueden decir al chico, "Si no haces tu tarea, yo la haré por ti, pero descuento por hacer tarea. Y por una tarea de esta magnitud, te voy a descontar 45 centavos de tu dinero." Claro, eso no tiene sentido.

Táctica Cuatro: Las Consecuencias Naturales

La cuarta táctica que usamos para el comportamiento EMPEZAR es *las consecuencias naturales*. Es decir, es 'la escuela de la vida dura.' Es "Que el mundo grande y malo le enseñe al chico qué funciona y qué no funciona." El chico toma clases de piano por primera vez y no está practicando. ¡Que el maestro y el chico se apuren!. Muchos maestros son muy buenos en hacer que los chicos practiquen el piano.

El chico no hace su tarea por primera vez. ¡Que el maestro y el chico se apuren! Algunos de estos maestros son muy buenos a hacer que hagan los chicos su tarea. Si Ud. ha tenido problemas por cinco años, quizás esto no va a funcionar, pero muchas veces pueden dejar que el maestro y el chico lo lleven a cabo. Ellos pueden llegar a una buena solución.

Yo no sé si saben o no, pero los chicos estudiantes de la secundaria creen que existe una ley en Illinois que dice, "No se les permite subirle el cierre o abotonarse su abrigo durante el invierno." No importa qué tan frío se ponga, sintiendo el viento de 50 grados bajo cero. No hay que abrocharse. La consecuencia natural es— déjenlos que se les congele el ombligo esperando el autobús. Esa es la ley de *las consecuencias naturales*.

Algunos libros parecen indicar que Uds. pueden usar las

consecuencias naturales para lo que sea. Eso no es verdad. Ciertamente no les gustaría saber que su hijo aprenda a mirar a ambos lados antes de cruzar la calle por medio de la ley de consecuencias naturales.

Traten de pensar—"¿De verdad tengo que decir algo aquí?" El chico no desayuna por la mañana y tiene nueve años. Quizás no le dice nada. Lo deja que se vaya. Se le olvida su lonche, o se le olvida hacer su lonche. Deje que su estómago le gruñe todo el día y quizás el día siguiente se recordará que estaría mejor si hiciera su lonche.

Táctica Cinco: Llevar Cuenta

La siguiente táctica que usamos para el comportamiento EMPEZAR es *llevar cuenta*.

Llevar cuenta es algo como un calendario. Tienen los días de la semana arriba horizontal, y hacia abajo, al lado, tienen las tareas en las que está trabajando el chico. Cuando el chico hace lo que debe, pone la indicación apropiada en el día apropiado de la tarea específica. Por ejemplo, un chico puede estar trabajando en cepillarse los dientes, hacer su tarea, y limpiar su cuarto. *Llevar cuenta* es un procedimiento sencillo. Si la chica hace algo bien, la escena va algo así...

"Papa, ya terminé mi tarea."
"A ver, déjame ver, hija. Me parece bien. ¡Me parece *muy* bien! ¡Excelente, Señorita! Yo diría que con esto se gana una estrella de oro."

Es una táctica sencilla y amigable y a los chicos muchas veces les gusta. Los maestros también usan esto en sus clases. Muchas personas, sin embargo, dicen que cuando estamos llevando cuenta, estamos en otro sistema de mordida. Pero no necesariamente. Lo que hacemos con llevar la cuenta es usar primero lo que llamamos la *ley de mínimo refuerzo*. Es decir, primero tratan con los refuerzos naturales, a ver si pegan. Los refuerzos naturales son dos—halagos de los padres y la satisfacción de haber hecho un buen trabajo. El halago es la Reacción DPV cuando pone una estrella. La satisfacción por un buen trabajo viene de ver el gráfico y, esperamos, de la tarea misma.

Si los refuerzos naturales no funcionan (para algunas cosas no) luego van a lo *artificial*. Algunos chicos son desaseados por naturaleza y nunca limpian su cuarto. Otros chicos odian hacer su tarea y no van a hacer su tarea, al menos que los premien de alguna forma por hacerla con refuerzos artificiales. Los chicos pueden ganar algo por las estrellas o los números que se ponen allí. Muchas veces se usan estrellas para chicos menores de 8 años y números—cinco, cuatro, tres, dos, uno—para los de ocho años para arriba.

Así que los chicos pueden sumar las estrellas y ganarse algo. ¿Qué pueden ganarse? Hay muchas cosas que pueden ganar. Dinero que puede ser parte de su dinero de bolsillo. Pueden ganar minutos— (para acostarse más tarde) o ganar minutos para jugar juegos de mesa con Uds., como Monopoly o Candyland. Pueden ganarse viajes a McDonald's, viajes al cine, uso del VCR, tarjetas de béisbol, ropa para Barbie, ropa para GI Joe—varias cosas. Que sean, pues, baratos y en porciones pequeñas, si es posible, para no gastar mucho. Este sistema ayuda muchísimo para las cosas que los chicos encuentran verdaderamente odiosas.

Mantengan sencilla la cuenta. Tres o cuatro cosas en ella es suficiente. También tengan en cuenta que no van a llevar la cuenta por siempre. He hablado con muchos padres y les pregunto, "¿Uds. han tratado de llevar la cuenta?" Dicen que sí. Les pregunto, "¿Cómo les funcionó?" Dicen, "De maravilla." Yo les pregunto, "¿Qué pasó con ello?" Dicen, "No sé." Esto es porque es un tarea odiosa de contabilidad, y Uds. no la llevarán para siempre.

Así que tomen en cuenta que lo van a descontinuar. Quizás diga, por ejemplo, "Si por dos semanas seguiditas tienen, todas de oro y de azul, que son las de mayor valor, y no hay blancos, donde fallaste, quitaremos 'dientes' de la cuenta. Quizás agregaremos 'darle de comer al perro,' o quizás no agregamos nada. Cuando termines toda la cuenta, te llevaremos a McDonald's a cenar y al cine."

Otra cosa que también tienen que tener en mente es que se puede usar el "1-2-3" para reforzar las tácticas del comportamiento EMPEZAR. Por ejemplo, sale este pequeño que está limpiando su cuarto y dice, "Papá, estoy listo para inspección." El padre lo mira y le dice, "Bien, te daremos una estrella azul—segundo." El chico dice, "¿Qué? ¡Estrella azul!" Y pregunta, ¿Por qué me das sólo una estrella azul?" *Una* explicación. El papá dice:

> "Pues, porque tu almohada está en el suelo y
> porque en tu cama se te olvidó hacer las
> esquinas estilo hospital."
> "¡Eso es ridículo! ¿Por qué tengo que hacer
> esto?"
> "Va uno."
> "Por favor, puse la almohada en el suelo para el
> perro."
> "Van dos."

Y si llega a tres, va a su cuarto. Cuando llega a su cuarto, ¿qué mejor? ¿Dónde está la cama? ¿Dónde está el cuarto? Lo puede limpiar para obtener la estrella de oro. Así que no discutan con él. Aunque tengan la razón, no se pongan a discutir con el chico sobre si el cuarto está bien o no. Uds. son los jefes. Así que *llevar la cuenta* es una táctica amigable, y puede ser muy funcional.

Táctica Seis: El 1-2-3

La última táctica que pueden usar para el comportamiento EMPEZAR es el *1-2-3*. Van a creer que soy un mentiroso. Anteriormente dije que el *1-2-3* era para el comportamiento DEJAR. Pero *hay donde se puede usarlo para el comportamiento EMPEZAR.*

Hace unos 8 o 10 años, regresó a visitarme una familia. Yo les había enseñado el *1-2-3* y les dije, "Bueno, díganme como les está funcionando." Ellos dijeron, "Está funcionando bastante bien."

Yo les dije, "Bien, ¿en qué están trabajando?" El padre dijo, "El chico llegó el otro día, se quitó su abrigo, lo tiró al suelo en la cocina, y corrió a ver la tele." El padre le dijo, "¿Me recoges tu abrigo, por favor?" y no se movió el chico. El papá dijo, "Va uno." Yo le dije al padre, "Espera un minuto. No puedes hacer eso. No puedes usar el *1-2-3* para el comportamiento EMPEZAR." El padre dijo, "Pues, funcionó." No siendo alguien que le gusta discutir con éxito, lo platicamos y llegamos a una regla rara que dice: "Si tiene un comportamiento EMPEZAR que toma *menos de dos minutos*, pueden usar el *1-2-3* para hacer que lo haga el chico." Si no lo hace, Ud. dice, "Va uno." Si aún no lo hace, "Van dos." "Van tres." Está castigado. Y cuando sale de su cuarto, Ud. le dice "¿Me haces el favor de recoger tu abrigo?"

¿En qué tipo de cosas no se puede usar el *1-2-3*? No se puede usar para tarea, limpiar su cuarto, levantarse y salir por la mañana, y todo esto.

¿En qué se puede utilizar? Se puede usar para recoger su abrigo, cepillarse los dientes, darle de comer al perro, traerle una cerveza del refrigerador, todo lo que tome menos de dos minutos. Si el chico no lo hace, solamente dice, "Va uno, van dos, van tres." Se va a su cuarto. Pero si el chico es bien terco y simplemente no lo va a recoger o limpiar, ¿qué vamos a hacer? Bien, ya lo han contado tres veces. Vuelven de nuevo—"Por favor, ¿recoges tu abrigo?" Este chico está de un humor horrible, y no lo va a recoger. ¿Saben qué hacer? Cambian al *sistema de descontar.* Ud. dice, "O.K., esta es la última vez. Si no lo cuelgas esta vez, yo lo voy a colgar. Pero hay un truco. Yo cobro el colgar los abrigos de otras personas, y para un abrigo de este tamaño, te va a costar 20 centavos, más 20 centavos por todo lo que nos hiciste pasar en los últimos 20 minutos, tratando de que cuelgues esta tontería." Así que si no lo cuelga él, lo cuelgan Uds. Lo bonito de esto es que últimamente Uds. tienen el control sobre la disciplina y sobre el resultado de eso. Estas son las seis tácticas del comportamiento EMPEZAR y los pueden combinar de distintas formas para tratar con problemas particulares.

12

Aplicaciones del Comportamiento EMPEZAR

Ahora hablaremos de unos ejemplos de como puede usar las seis tácticas del comportamiento EMPEZAR con tres problemas que muchas veces enloquecen a los padres—limpiar el cuarto, comer, e irse a dormir.

Limpiar el Cuarto

Hemos tenido muchos talleres y cuando hacemos una encuesta de los que vienen, uno de los problemas más comunes que reportan es limpiar el cuarto. ¿Qué pueden hacer con eso? Tienen varias cosas de que escoger. Les diré mi favorito primero. Mi táctica favorita para que limpien su cuarto es lo que yo llamo el método *cierra-la-puerta-y-no-mires*. Lo que esto quiere decir es que puesto que el hogar del hombre es su castillo, el cuarto del chico es su castillo. A menos que vea ratones corriendo, no me importa lo que pasa allí dentro. Tampoco tengo evidencia de que los chicos que tienen cuartos desaseados están destinados a ser criminales profesionales, personas irresponsables, o que viven una vida totalmente desperdiciada , que tienen mayor número de divorcios, etc. Así que, ¿cuál es el problema?

También, ya más seriamente, si Ud. tiene un chico que tiene otros problemas, como hiperactividad o A.D.D., tienen suficiente de que ocuparse, como problemas sociales, rivalidad de hermanos, y problemas académicos. ¿Por qué involucrarse en lo que no es esencial, como limpiar su cuarto?

Si Uds. se están retorciendo ahora, no importa. Muchos padres no están de acuerdo conmigo en eso. En realidad, ni mi esposa estaba de acuerdo conmigo en eso. Si no están de acuerdo, está perfectamente bien.

El mayor problema con esa táctica son platos sucios y ropa sucia. Con la ropa, con niños pequeños, usamos llevar cuenta y un reloj y con chicos mayores, usamos las consecuencias naturales. Si no llevan su ropa sucia a la máquina de lavar, no se lava. Con platos sucios, usamos una rutina de multar. Lo que hacemos es una regla: "No se come en el cuarto." Después, si se encuentran algo, multan al chico.

Si quieren ser más conscientes, pueden usar la rutina de limpiar semanalmente. Muchos padres han hecho esto, pero fracasan porque discuten. La rutina de limpiar semanalmente es donde se le dice al chico, "Una vez por semana, tienes que limpiar tu cuarto a estas especificaciones—recogerlo, aspirar, sacudir un poco, poner tu ropa sucia en el cesto, tender tu cama. Luego puedes salir a jugar pero no puedes salir a jugar ni mirar la tele hasta que esté limpio tu cuarto."

El trato que Uds. hacen con ellos es esto: "Si estás dispuesto a limpiar tu cuarto cada semana, si de seguro vas a limpiar tu cuarto el sábado, después del sábado, por lo que queda de la semana, mientras tu cuarto regresa a ser el cochinero por naturaleza, no diré nada, no te diré absolutamente nada." Y no hay que decir nada y puede funcionar muy bien.

Comer

Veremos el comer. Se supone que el cenar juntos debe ser un tiempo agradable. Desafortunadamente, muchas veces es un zoológico. Reúnen a todos al terminar el día, están cansados y de mal humor, están todos muy juntitos en la mesa. Pueden pasar cosas no muy agradables. Se empiezan a pelear. Empiezan a discutir. Unos se van de la mesa. Si tienen un chico hiperactivo, está saltando en la mesa y por donde quiera. Es terrible. No es nada divertido. Así que, ¿cómo se evita esto?

Algunas veces usamos consecuencias naturales con los mayores. "Si no comes, no comes. Es tu problema, no el mío."

Pero con los más pequeños, tenemos otra sugerencia. Digamos que Uds. tienen un niño pequeño, de siete u ocho años, y Uds. piensan que no come bien. Primero hablen con su pediatra. Aseguren que el pediatra piensa que existe un problema. Quizás no existe, pero si creen que existe un problema, esto es lo que pueden hacer. Primero, pongan el reloj por 20 minutos. Luego le dan al niño unas porciones ridículamente pequeñas de comida. Yo digo como unos tres chícharos, dos pedacitos de hamburguesa, y una cucharada de puré de papas. Es todo. Es lo único que le dan. Si se come eso, le dan postre, o puede comer más. Usen la Reacción DPV mientras come.

Hay que darse cuenta que el comer es una combinación de comportamientos DEJAR y EMPEZAR: *Cenar* es el comportamiento EMPEZAR y *jugar cuando están en la mesa* es un comportamiento DEJAR. ¿Qué hacen Uds.? Cuando están jugando, les cuentan—"Va uno." El reloj sigue marcando. Tienen un tiempo fuera, pero el reloj sigue marcando. Pierden 5 minutos de los 20. Si suena el reloj al terminarse los 20 minutos, Uds. pueden hacer dos cosas. Unas familias toman el plato y ponen lo del plato en la basura, y los chicos no pueden pedir nada más en lo que queda del día. Eso me parece algo duro.

Otros toman el plato, lo ponen sobre el mostrador de la cocina, y no les dan postre. Después, si quieren postre, tienen que acabar lo que está en el plato. Recuerdan, no hablen demasiado.

13

Levantarse y Salir
Por la Mañana

Uno de los grandes pleitos, a principios de la lista del comportamiento EMPEZAR, es el problema de como animar a los chicos levantarse y salir de la casa en la mañana. En gran parte es un problema de los chicos mayorcitos de edad escolar, aunque también se puede aplicar a los preescolares. Esta situación saca de quicio a todos. Mucha gente, padres y chicos, por naturaleza amanecen molestos y existe la presión de tener que llegar a algún lugar *a tiempo*. El nerviosismo y los quejidos que resultan llegan a increíbles proporciones, y todos comienzan mal el día.

Para los chicos, el levantarse y salir por la mañana envuelve en sí una serie de secuencias del comportamiento EMPEZAR: levantarse a tiempo, lavarse, cepillarse los dientes, tender la cama, desayunar, and partir de casa. Lo que se requiere varía de familia en familia, pero básicamente es el mismo trabajo.

Aunque no lo crean, estas tempranas situaciones de mal gusto, pueden mejorar rápidamente usando algunos de los principios trazados anteriormente en este libro. Los combinamos dentro de un programa que envuelve cambios de rutina por la mañana semidrásticamente, y muchas veces el shock cambia a los chicos.

Antes que nada, hay que comprender que la mayoría de estos chicos o de verdad quieren ir a la escuela o les daría vergüenza si no fueran o si llegaran tarde. Así que si se entretienen en la mañana, va a haber problemas con los que los recogen, o con el director o los maestros de la escuela. La mayoría de los chicos no desean esto, así es que usamos la amenaza de estas consecuencias naturales para amoldarlos.

Así funciona: Ud. les explica a los chicos que de hoy en adelante será su obligación levantarse y salir en la mañana por sí mismos. Ud. no los va a supervisar ni a regañar. Si es necesario, Ud. les puede arreglar la ropa la noche anterior. Si Ud. los ha estado despertando, cómpreles un despertador y demuéstreles como usarlo.

Les aclara a los chicos que el despertarse, vestirse, lavarse, desayunar y salir a tiempo será su obligación. Si lo desea, puede llevar un gráfico de qué tan bien van, pero *no les puede decir nada mientras se alistan*, tan sólo platica. Para muchos padres esto es muy difícil, se desesperan ver a los chicos jugueteando a última hora, así que a estos padres hacen su café y se retiran a su habitación para no verlos.

El desayuno es opción. Si es su rutina, ponga algo en la mesa, pero *no puede recordarles* que coman. Ellos pueden hacerse su desayuno, si quieren. La mayoría de los chicos no se morirán si se les pasa el desayuno. Al salir Ud. no dice nada sobre abrigos, gorros, o guantes, al menos que se pueden congelar.

Si los chicos pelean, ignórelo, o cuénteles, si va de mal en peor. Si se acerca la hora de partir, sólo cuénteles por unos minutos.

Lo que Ud. está haciendo es enseñarle a los chicos un poco de independencia por invocar una regla sagrada de la psicología: *Aprender de Manera Dura es la Mejor Manera de Aprender*. Con unas pocas quemadas se aprende rápido en vez de estar sermoneando. Así que tiene que estar dispuesta a dejar que se quemen.

¿Qué quiere decir esto? Quiere decir llegar tarde a la escuela algunas veces, ser avergonzada, y tener que explicarle al director o maestro lo que pasó. Quiere decir que de repente son las 7:50 y no está vestido y que Mamá no le ha recordado que le recogen a las 8:00. Quiere decir que llega a clase sin sus libros porque ha salido tarde. Quiere decir que el niño se enoja con Mamá porque ya no le enfada diciendo que se alista a tiempo, o porque ya no le escribe notas con excusas.

Esto tiene bastante impacto sobre los chicos, y si los padres son consistentes, no hablan, y dejan que de vez en cuando se quemen los chicos, en pocos días los chicos responderán. Después las cosas son más apacibles en casa y los chicos son más responsables.

Los chicos tienen cuatro maneras principales de llegar a la escuela: los recogen, autobús, caminar o en bicicleta. El programa de levantarse y salir es más fácil para los que están a distancia de caminar a la escuela. Para los que van con otras personas o toman el autobús, va a haber veces en que Ud. los tiene que llevar en coche cuando van tarde. Con muchos chicos esto no es problema. No llegan a depender de que Ud. los lleva en coche, especialmente si ya van tarde. Recuerde de no sermonear camino a la escuela, si es que los tiene que llevar. No diga nada.

Si lleva un gráfico con este programa, use Reacción DPV cuando van bien y repase el gráfico una vez por semana. Puede hablar del problema—puede escuchar sus quejas, dar breves sugerencias, modificar unas cosas, etc.—a cualquier hora *menos* cuando se están alistando.

¿Todavía dudan?

Muchos padres, antes de usar este procedimiento, piensan que sus chicos serán indiferentes a éste. Piensan que a su chico no le importa si llega a clase a tiempo o no. Piensan esto porque el chico ha dicho esto. Nunca hay que creerle a un chico que dice, "No me importa." Normalmente quieren decir lo contrario y lo están poniendo a prueba.

Si duda Ud., inténtelo y verá qué pasa. La *mayoría* de los chicos, no todos, pero la mayoría, responderá bien. Lo más importante es quedarse callado, dejarlos sólos, y déjelos que se quemen de vez en cuando. Si es necesario, avíselos de la escuela de lo que Ud. está haciendo; muchas veces, cooperarán con Ud.

¿Qué pasa si no funciona? Recuerde que tiene otras ayudas para el comportamiento EMPEZAR. Intente un gráfico con refuerza artificial o use un reloj.

¿Si funciona? Disfrute la paz y tranquilidad.

Sección V

Cosillas

14

El Mentir

Hay dos razones por qué el mentir no es uno de los comportamientos DEJAR donde usaría el 1-2-3:

1. La mayoría de los padres piensan que es un problema bastante serio
2. No ocurre tan frequentemente que lo podría contar.

Manejarlo es un problema que lo lleva a hablar demasiado y molestarse. Por eso, lo que sigue es una manera sensato para tratarlo con un mínimo de confusión.

Los chicos mienten por dos razones:

1. Para impresionar a otros
2. Para salir de algún problema

El mentir del segundo tipo es mucho más frecuente—lo podría llamar el mentir estilo Watergate—y es lo que más nos interesa aquí.

No trataremos con mentir para impresionar a otros en este libro porque no sucede muy frecuentemente.

Mintiendo estilo Watergate obviamente tiene su propósito y esto es el evitar que lo culpen o encuentran algún mal que uno hizo, y así circunvenir el castigo, el gritar, o vergüenza que puede resultar. Definitivamente, es *una salida* por un tiempo, pero para muchos chicos el motivo es muy poderoso, especialmente si le tienen miedo al disgusto o enojo que le pueden causar. Es bastante común, pero esto no quiere decir que su chico va hacia una vida de crimen si esto ocurre unas cuantas veces.

Lo interesante de mentir, es que para muchos chicos inadvertentemente *los entrenan a mentir sus padres*. No es la intención de los padres, pero ocurre repetidas veces—a veces hasta que los chicos son bastante expertos.

¿Cómo pasa esto? Primero, algunos padres le dan un fuerte motivo a mentir estilo Watergate al repetidamente ponerse enfadados cuando descubren que el chico ha hecho algo mal. Muchas veces esto implica gritar o hasta un castigo físico. Claro, el chico pronto piensa que cualquier cosa es mejor que esto, así que se arriesga e intenta mentir para salir del problema. Piensa que si sus padres llegan a saber la verdad, no será peor de lo que pasará si se lo admita en este momento.

Segundo, los padres pueden entrenar a los chicos a mentir al "arrinconarlos". Es como un juego de "Detective" o "Escondite". Los padres tienen la tarea de tratar de saber qué pasó en realidad y el chico la tarea de encubrirlo. La escena puede ir algo así:

"¿Donde está la caja de cereal?"

"No sé."

"Estaba casi llena. ¿Te comiste todo después de haberte dicho que no la tocaras?"

"Ah, sí, se me olvidó, se la llevó el perro."

"¿Estás seguro? ¿Entonces, ¿dónde está la caja?"

"La tiré a la basura."

"Ve por ella y demuéstrame—debe estar mordida

si se la llevó el perro."
"No recuerdo donde la tiré."
"Escucha, jovencito, ¿me dices la verdad? Si
subo a tu cuarto en este momento,
¿encontraré un caja de cereal vacia? ¿La
encontraré?"
"No."

La Mamá es el detective que trata de acorralar al chico. Quiere que tropieze, no creyendo la historia. El chico se pone más nervioso con el tiempo, construyendo una casa de cartón que pronto se la llevará el viento, si su mamá encuentra la caja de cereal intacta, debajo de la cama. ¡Luego sí tendrá que pagar! Mamá estará aún más enojada porque mintió el chico.

El chico de nuestro ejemplo era joven y no muy bueno para mentir. Pero con unos cinco años de este tipo de rutinas y el mejorará muchísimo, hasta llegar a ser un Mentiroso Experto. Aunque algo raro, este tipo de interacciones entre padres e hijos frecuentemente toma el rol de retos, con una calidad de juego donde ambos participantes disfrutan. Sin embargo, el resultado final, con frecuencia, es un gran pleito y sigue el terror a los padres donde el chico crece a ser un criminal professional.

¿Cómo tratar con el mentir estilo Watergate? Hay que atacar las dos causas mencionadas anteriormente. Primero, hay que regresar a las Reglas de No Hablar y No Emoción. El No Hablar aquí significa hablar lo mínimo—sin sermonear, gritar, o algo parecido, que sea corto y sencillo. También, si pueden, contrólense, porque entre más enfadada que esté, más aumentan los motivos para que el chico mienta desde el principio.

Segundo, hay que evitar entrenar al chico que mienta jugando a detective. Hay que manejarlo de otro modo. ¿Qué se hace? Hay dos posibilidades cuando algo mal ha pasado y Ud. sospecha que fue el chico:

1. Ya sabe que él lo hizo, o
2. No sabe quién lo hizo y es necesario informarse.

Si ya sabe qué pasó y que el chico es culpable, sencillamente le informa de esto y le administra la disciplina apropiada. *En esta situación nunca le da la oportunidad de mentir, preguntándole sobre lo que ya sabe Ud.* Muchos piensan, "Voy a comprobar con este chamuquito y veremos si me dice la verdad." Luego hacen preguntas. Esto sólo lo entrena a mentir, y quizás mienta aunque sepa lo que Ud. hace.

¿Qué pasa si Ud. no sabe qué pasó? Luego podrá preguntar, pero debe aceptar lo que él dice hasta obtener información de lo contrario. Al menos de que sea de vida o muerte, mantenga las preguntas a lo mínimo o trate de obtener la información por otros medios. No intente tropezarlo con su conversación. Si después descubre que mintió, infórmele de lo que ha descubierto y aplíquele una disciplina tanto por la ofensa como por haber mentido. Pero al principio, acepte su palabra y mantenga corta la discusión..

En nuestro ejemplo anterior, la madre pudo haber comenzado por preguntarle al chico donde estaba la caja de cereal. Después de que haya dicho, "No lo sé", hubiera revisado su cuarto si es que ella sabe que frecuentemente lleva comida a su cuarto. Luego lo disciplinaría por llevar comida a su cuarto (si es contra las reglas) y por mentir. El castigo podrá ser un extendido tiempo fuera, según la edad del chico, pero nada horrible. Quizás 10 minutos para un chico de 4 años, o 30 minutos para uno de 8 años. Después, olvídelo. El mentir también cabe dentro del Sistema Mayor/Menor descrito en el Capítulo 17.

15

Irse a Dormir

Muchas veces la hora de irse a dormir es un infierno al terminar el día. ¿Qué pueden hacer para evitar esa guerrilla? Lo que pueden hacer es esto. Existe lo que llamamos *el método básico para irse a dormir*. Lo primero que hacen es escoger una hora para que los chicos se vayan a dormir. Digamos que tienen un chico de 9 años. Escogen las 9:00 de la noche. Puede ser otra hora por el fin de semana; quizás distinta en el verano. Digamos que escogen las 9:00 durante el año escolar. Lo que hacen a las 8:30, es que le dicen al niño que es hora de prepararse para irse a dormir, y el chico tiene que hacer todo lo que se requiere para prepararse solito, sin que le recuerden Uds. Si se le dificulta identificar todo lo que tiene que hacer para prepararse para irse a dormir, recuerden todas las cosas que le dicen que no ha hecho después de que se haya acostado, y tendrán una lista así. ¿Recuerdan?

"Tengo sed."
"Tengo hambre."
"No fui al baño."

"Tengo miedo."

"¿Dónde está el perro?"

"Estas pijamas me pican."

"¿Cuándo vienes?"

"No he hecho mi tarea."

Tiene que hacer todas estas cosas. Cuando ha terminado el chico de hacer esto, lo que hace es reportarse con Uds. y el tiempo que sobra entre 8:30 y 9:00 es el tiempo que les queda para un cuento o sentarse a platicar con Uds. Se sorprenderán, quizás no, cuántos chicos valoran ese tiempo con su mamá o papá.

Este sistema tiene dos propósitos. Uno es que inmediatamente les recompensa por haberse alistado para irse a dormir a tiempo. El segundo propósito es que los pone mentalmente listos para poder dormirse. A las 9:00, es tiempo de apagar la luz y salir. Para algunos chicos esto es muy fácil. Les dan el beso de buenas noches, los acuesta, y Uds. se salen. Para otros chicos, no es tan fácil. Si el chico no los deja salir del cuarto, quédense en el pasillo. Una razón por eso es que si se va a levantar el chico, entre más lejos de la cama y más tiempo fuera de la cama, se le da más refuerzo, y más que lo va a repetir.

16

Despertarse de Noche

Muchos chicos periódicamente pasan por etapas cuando despiertan por la noche. Algunos chicos quizás se levantan una docena de veces o más, mientras otros solamente hacen algún ruido o dicen algo y luego se van a dormir de nuevo. Los problemas nocturnos son los más difíciles de tratar, porque la mayoría de los padres no están cabales por la media noche, y aparte es muy molesto ser despertado de un sueño profundo.

Intentar manejar estas situaciones indebidamente puede hacer que se pongan peor las cosas muy rápidamente, y el número de veces que se levante el chico puede llegar a ser más frecuente y más traumático para todos. El no dormir bastante afecta el estado de humor al día siguiente, y luego de noche se molestan aún más.

Hay varias reglas y guías que se han probado ser muy efectivas para calmar estos episodios y hacer que el chico regrese a dormir sin levantarse.

Regla 1: Acepte algún despertar periódico como
algo normal y trátelo como una etapa

temporal. Esto le ayudará que esté menos molesto.

Regla 2: No Hablar y No Emoción. Estas reglas se aplican aún doblemente por la noche, porque el hablar y la emoción—especialmente enojo—despiertan a todos. ¿Ha tratado de dormir cuando está furioso? No resulta. El preguntar al chico que pasa es lo menos útil, porque está sueñoliento, su mente no está clara, y no le puede decir mucho. Esto se aplica a miedos y pesadillas también; intente discutirlo al día siguiente, si se puede.

Regla 3: Presuponga que el chico tiene que ir al baño aunque no lo diga. Muchos chicos se despiertan con el deseo de ir al baño, pero tienen tanto sueño que no están seguros de lo que sienten y no lo pueden verbalizar. Así que intente llevarlos a baño y ver qué pasa.

Regla 4: Sea suave y quieto.

Regla 5: Sin luz. La luz lo despierta tanto a Ud. como al chico. Sus ojos se adaptarán a la oscuridad a media noche, así que trate de caminar sin prender luces.

Regla 6: No vaya al cuarto del chico sólo que esté gritando o que él vaya hacia Ud. primero. Algunos chicos hacen un poco de ruido y después se regresan a dormir. Deles oportunidad de hacer esto.

Regla 7: No deje que el chico duerma con Ud. a
diario; puede convertirse en una costumbre
que después le será difícil de romper. Si
hay una tormenta, déjelo que duerma sobre
el piso a un lado de su cama de Uds. Si
no, que se quede en su propio cuarto.

Ahora juntaremos estas reglas y veremos unas posibles escenas que podrán ocurrir.

Primer ejemplo: Regularmente, Mark duerme por la noche. Sin embargo, el martes por la noche, después de haber visto una película de miedo en la tele, él dice unas cortas frases, sin conectarlas a las 2:45 AM y está inquieto en la cama. Espere unos cuantos minutos para ver si despierta o se levanta, pero Ud. no entra a su cuarto. Después de unos minutos vuelve a dormir y está tranquilo por la noche.

Segundo ejemplo: Recientemente, Jennie ha estado inquieta de noche, pero no se ha levantado de la cama. Sin embargo, el jueves aparece a un lado de su cama, tirándole a su brazo un poco, diciendo que tiene miedo. Ud. no dice nada, se levanta, la abraza de los hombros, y la dirige hacia el baño. Ella se siente en la taza un rato, pero sin luz. Luego la dirige suavemente hacia su cama, la remete a su cama, y le da un beso. Ud. espera un momento para ver si ella se ha vuelto a dormir, y despues Ud. regresa a dormir.

Tercer ejemplo: Jim se ha levantado varias veces por noche. No regresa a su cama solo y empieza a hacer ruido si Ud le dice que regrese a la cama. Ud. no se da cuenta si tiene miedo o qué. Si lo regresa a su cuarto, comienza a llorar o a gritar cuando trata de salir Ud. Dice que quiere dormir con Ud. Ud. sabe que no está enfermo, porque lo ha revisado su pediatra.
Obviamente, ésta es una situación más difícil que los primeros dos ejemplos. No quiere que despierta a todos en casa, pero tampoco no le gusta la idea de que la someta a sus pruebas. ¿Qué debe hacer?

Cuando Jim aparece al lado de su cama, primero lo lleva al baño—sin luz, sin hablar, etc. Luego lo lleva a su cuarto, lo remete a su cama. Ya sabe que si Ud. trata de salir, llorará, así que antes de que haga eso ponga una silla cerca de la cama, y espere hasta que vuelva a dormir. Esto no es divertido, pero es lo que mejor funciona. Si ha hecho lo demás correctamente—no luz o hablar—él aún debería estar soñoliento.

Con algunos chicos este procedimiento se tiene que repetir varias veces por la noche por varias semanas antes de que vuelvan a dormir por toda la noche. ¡Nuestro record de quien más se ha levantado por la noche es de 17 veces! Si piensa que tendrá que sentarse al lado de su cama, prepare la silla de antemano. Después de unas noches, podrá gradualmente sacar la silla del cuarto, hasta estar sentada afuerita del cuarto donde el chico no la puede ver. Si pregunta si todavía está allí, haga algún ruido o muévase, pero trate de no hablar.

Cuarto ejemplo: Suzie duerme durante casi toda la noche, pero le gusta levantarse a las 5:30 AM e ir a verla. Parece que está lista para empezar el día. Ud. le dice que regrese a cama, pero no lo hace.

Hay varias cosas que puede intentar. Primero, piense en ajustar la hora de dormir una hora, digamos de 8 a 9. Quizás ella no necesita dormir tanto. Utilice el Método Básico Para la Hora de Dormir del Capítulo 15.

Segundo, asegure de que no entre tanto sol muy de mañana. El sol siempre les ayuda a los chicos a despertar demasiado temprano.

Tercero, puede intentar el procedimiento del tercer ejemplo. Siéntela en la taza y después a ver si vuelve a dormir. Si está claro que no lo hará, lo siguiente es entrenarla a jugar en su cuarto en vez de despertarla a Ud. o a alguien más.

¿Cómo hacer esto? Intente una combinación de gráfico y el 1-2-3. Haga un gráfico, usando estrellas y números, que llevará un record de que tan bien va *jugando sola* por la mañana y *sin despertar a nadie*. Si es pequeña, debe quedarse en su cuarto, pero si es ya mayorcita y no es muy temprano, puede bajar a ver la tele. Cuando

Ud. se levante, dale su resultado en el gráfico y una Reacción DPV.

Si se le olvida y llega con Ud a las 5:30, calmadamente le dice, "Vuelve a la cama, va uno." El regresar a la cama aquí es un comportamiento EMPEZAR que lleva menos de dos minutos (por eso, se lo puede contar.) Si comienza a discutir o no se va, cuéntela fuera, y quizás tenga que llevarla de regreso a su cuarto. Sin hablar y sin emoción.

Con certeza el dolor físico puede despertar a los chicos, así que si no han sido revisados últimamente y comienzan a despertar por la noche, es una buena idea llevarlos que los revise el médico. Mientras tanto, use los procedimientos aquí descritos. Comparta "el gusto," si es posible. Si ambos padre y madre están disponibles, compartan el levantarse. A veces es bastante agotador, pero vale la pena.

17

El Sistema Mayor/Menor

Supongamos que su vecino llega un día a decirle que su hijo de 8 años acaba de tirar una piedra por la ventana del garaje. Obviamente, este es comportamiento DEJAR, pero no es comprensible que Ud corra a la puerta y diga, "Greg, va uno". También "Van tres—toma cinco" sería algo ligero. Esto requiere un castigo, pero quiere evitar excesivo hablar y emoción porque Ud. sabe que sería peor.

Hay muchas cosas que pueden surgir de vez en cuando que son demasiado serias para el 1-2-3, pero que aún requieren acción por su parte para entrenar a los chicos a no volverlo a hacer. Esta lista incluye cosas como mentir, robar, graves pleitos, mayores problemas de comportamiento en la escuela, quebrar cosas, perder cosas, no llegar a casa a la hora acordada y otras cosas. Afortunadamente, existe un sencillo sistema de castigo que Ud. puede poner a funcionar y que le ayudará a manejar bien estos problemas con un mínimo de enojo. Se llama el Sistema Mayor/Menor.

El Sistema Mayor/Menor empieza por simplemente clasificar cualquier tipo de comportamiento DEJAR, ya sea como Mayor o Menor, según como piense que es de serio. (Lo "Muy Menor" lo maneja con el 1-2-3). Ya que ha hecho sus clasificaciones, Ud. decide el castigo para cada categoría, y cada vez que ocurra la ofensa, impone el castigo. Evita mucho esfuerzo y deliberación por su parte, y les avisa de antemano a los chicos las consecuencias de cierto comportamiento. Los castigos normalmente son algo como obligar a quedarse en casa, multas, restringir privilegios, o alguna ayuda extra en casa.

Los castigos de las Ofensas Mayores son más fuertes que los castigos de las Menores. Por ejemplo, una familia estableció el siguiente sistema para su chico de 9 años:

> Ofensa Mayor: Robar, peleitos en la escuela, llegar a casa tarde, más de una hora.
>
> Ofensa Menor: Llegar a casa tarde menos de una hora, mentir, perder la tarea.
>
> Castigo Mayor: Obligarlo a no salir de su cuarto por 3 horas y sin ver la tele, una multa de $5 o pagar doble el valor de lo robado, no ver tele por una semana, 4 horas de trabajo en la casa.
>
> Castigo Menor: Una hora sin salir de su cuarto, multa de $2, 2 horas de trabajo en casa.

Esta familia tenía problemas con los comportamientos en la lista mencionada. No es necesario establecer el sistema a menos de que ya tenga específicos problemas. Así, cuando el problema ocurría, era sencillo categorizarlo y determinar la consecuencia. Los padres no gritaban, aunque a veces era necesaria una breve explicación. Para cada mal comportamiento, se administraba uno (no todos) de los posibles castigos. A veces hasta dejaban al chico escoger qué castigo quería.

Ud. puede ajustar el Sistema Mayor/Menor ya después de

establecido, pero cuidado de no imponer castigos demasiado duros que son contraproducientes. Por ejemplo, una familia tenía un sistema como el descrito anteriormente. ¡Un día descubrieron que su chico se había robado una bicicleta! No parecía suficiente el Mayor Castigo, así que le dijeron al chico que estaba obligado a quedarse en casa por un año. Un castigo de esta clase no funcionará, y después de una temporada no lo podrán enforzar bien. Es mejor tener algo como obligarlo a quedarse en casa por un mes y pagar el valor de la bicicleta.

¿Qué pasa si su chico hace algo que no puso en su lista original de Mayor/Menor? Solamente, lo clasifica como Mayor o Menor y luego aplica un castigo correspondiente. Si ha tenido un grave problema con ofensas repetidas, puede hacer un gráfico de cuantos días seguidos fueron libres de ofensas. Si los problemas continúan, quizás es tiempo de evaluar y consultar con un profesional.

Sección VI

De Dictadura a Democracia

18

La Junta Familiar

Anteriormente, discutimos la idea de que cuando los chicos son pequeños su casa debe ser una dictadura, y que cuando ellos tengan 18 años debe ser casi, pero no totalmente, una democracia. Obviamente, el 1-2-3 es una táctica que no le da mucho al chico que decir; Ud. decide cual es el comportamiento DEJAR y Ud. lo castiga. Así debe ser. Hacer un gráfico y otras tácticas de comportamiento EMPEZAR son más amistosas, pero sin embargo, es Ud. que las ha deseñado y Ud. que las aplica.

Poco a poco, al pasar el tiempo, Ud. debe empezar la evolución hacia la democracia. Un buen tiempo es cuando los chicos estén en la primaria. Les comienza a dar más que decir sobre las reglas y la disciplina que les afecta, y la mejor manera de hacer esto es en una Junta Familiar.

Esto quiere decir que Ud. hablará más, pero solamente en la junta. La regla de *No Hablar* aún se aplica cuando otras reglas se imponen.

La Junta Familiar puede hacerse tan seguido como lo desee. Una o dos veces por semana es ideal, y también se pueden hacer juntas especiales cuando surja un problema especial. Los chicos mismos pueden pedir una Junta.

El formato de la Junta es muy sencillo. El padre o la madre (no los dos a la vez) es quién preside y tiene la responsabilidad de mantener el orden y que se lleve a cabo la tarea. También son responsables de que cada persona tenga la oportunidad de hablar sin interrupción.

Cada person puede exponer el problema que quiere resolver en la Junta. Luego, quién preside guía al grupo por los siguientes pasos:

1. Una persona describe el problema que quiere resolver.

2. Cada persona opina sobre ese problema.

3. Se da la palabra para proponer soluciones; quién quiera puede hablar, pero uno por uno.

4. Se llega a un acuerdo sobre la solución. Puede ser una combinación de los distintos aspectos de las sugerencias de diferentes personas. Si no hay acuerdos, los papas tienen la última palabra.

5. Se escribe la solución acordada en un papel, y se pone en la puerta del refrigerador.

6. La siguiente persona expone su problema, y se repiten los pasos del 2-5.

Todas las soluciones se consideran experimentales. Si no funcionan muy bien, se repasan en la siguiente junta. Deben ser concretas, específicas, y prácticas, pero muchas veces se puede ejercer bastante creatividad al ponerlas en práctica.

No siempre es fácil sentarse durante estas juntas. Muchos padres están de acuerdo con la idea de que *la Junta Familiar es una de las cosas más molestas y a la vez, más efectivas que puede hacer con sus chicos.* Parece contradictorio, pero si puede llevar a cabo el proceso, existe la tendencia de llevar a cabo la solución que se acordó. También es bonito que todos tenga la oportunidad de ser escuchado y de aprender unas técnicas para negociación—¡una excelente preparación para el matrimonio!

Sección VII

Nadie Es Perfecto

19

Resbalando

Nadie espera que Uds. sean perfectos. Tenemos un problema con lo que llamamos "Resbalón." Digamos, está funcionando el 1-2-3. Va muy bien. Algo pasa y se atora. Las mayores causas del resbalón son viajes, visitas, enfermedad, tiempo y nuevos bebés.

Muchas familias van bien con el sistema. Después, Mamá va al hospital y tiene un nuevo bebé. El padre trata de mantener todo lo mejor posible, pero cuando regresa Mamá, se nota el caos, se olvidan los gráficos y todos vuelven a lo de hablar, discutir, gritar. ¿Qué hacen Uds. con eso? Regresen a lo básico. Vean el video de nuevo. Lean el libro. Siéntense con su pareja, si viven juntos, y regresen a "No hablar, no emoción. Cuando en duda, cuenten. Sean agresivos. Impónganse." Es un sistema agresivo, pero cariñoso y apacible. Por lo regular las cosas pronto vuelven a su normalidad.

Finalmente, sólo quiero decir unas cuantas cosas. No quiero darles la impresión de que no deben hablarles a sus hijos. Por favor, hablen con ellos. Si al llegar a casa después de la escuela el chico dice, "Odio a mi maestra," no digan, "Va uno." Pregúntenle que pasó. Pero si ellos empiezan a gritarles, entonces los pueden contar.

También, dénles halagos, dénles Reacción DPV, dénles abrazos. La única vez que no les hablan es cuando las reglas se imponen.

Yo pienso que si Uds. usan los métodos que les describo, creo que tendrán un chico más contento. Creo que tendrán un hogar más tranquilo, y estoy seguro de que se sentirán mejores padres.